AF452497

CONCOURS RÉGIONAL D'ÉVREUX

EXPOSITION D'OBJETS D'ART

ET DE CURIOSITÉ

OUVERTE DANS LA SALLE DE LA COUR D'ASSISES

A ÉVREUX

DU 15 MAI AU 5 JUIN 1864

CATALOGUE ANALYTIQUE

EVREUX

DE L'IMPRIMERIE DE AUGUSTE HÉRISSEY
RUE DU MEILET

M. DCCC. LXIV.

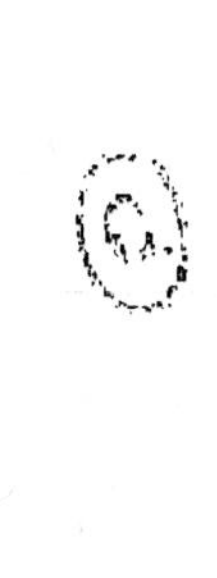

COMITÉ DE L'EXPOSITION

Sous le patronage de M. le Préfet de l'Eure
et de M. le Maire de la ville d'Evreux

———

Membres du Comité :

MM. l'abbé **JOUEN**, chanoine de la cathédrale, ancien vicaire général, *président ;*
Raymond **BORDEAUX**, avocat, *rapporteur ;*
Léon **PETIT**, avocat, *secrétaire ;*

le duc **D'ALBUFÉRA**, député ;
Guillaume **PETIT**, député ;
Philémon **FOUQUET**, député ;
le comte **D'ARJUZON**, député ;
HUET, président du tribunal civil ;
MÉRY, ingénieur en chef du département ;
CURNIER, receveur général ;
MARYE, procureur impérial ;
le général **MORIN** ;
l'abbé **PRÉAUX**, curé de Saint-Taurin ;
DE TAURIAC, directeur de l'enregistrement ;
MASSON, directeur des contributions directes ;
BAILLY, conservateur des hypothèques ;
DAVID, juge suppléant ;
l'abbé **LEBEURIER**, archiviste du département ;
BOURGUIGNON, architecte du département ;
CHASSANT, paléographe ;
IZARN ;
D'ORVILLIERS ;
LABBÉ ;
COLOMBEL, secrétaire perpétuel de la Société libre de l'Eure ;
Th. **BONNIN** ;
Gustave **DUWARNET** ;
le comte **DE ROSTOLAN** ;
DE KIRWAN, garde général des forêts ;
Paul **MÉRY** ;
CHAUVEL, manufacturier ;
Louis **LAPIERRE**, rédacteur du *Courrier de l'Eure.*

On n'a pas compris dans ce catalogue une nombreuse série d'antiquités romaines, statues, vases, objets divers en or, en bronze, en terre cuite, en verre, etc., qui ont été trouvés dans diverses fouilles opérées dans le département de l'Eure, ni une riche collection de pavés vernissés à rosaces et armoiries, de divers siècles du moyen âge. Ces objets fort précieux ont été détachés de la collection départementale d'antiquités ; ils ne portent pas de numéro, et sont désignés par l'étiquette collective MUSÉE D'ÉVREUX.

La ville d'Évreux a reçu l'an dernier de **M.** *le ministre d'État un envoi de tableaux par des maîtres italiens, de statues et de vases étrusques et grecs, provenant du musée Campana. Ces objets d'un haut intérêt sont également sans numéro. L'étiquette* VILLE D'ÉVREUX *les signale suffisamment au public.*

CATALOGUE

DES

OBJETS D'ART

ET DE CURIOSITÉ

EXPOSÉS DANS LA SALLE DE LA COUR D'ASSISES

EN 1864

A ÉVREUX

———

M. le comte **DE GLATIGNY**, au château du Breuil, près Évreux.

1. Fusil à quatre coups.
2. Heures avec miniatures, sur vélin, XVIe siècle, reliure et fermoirs en argent du temps.
3. Heures manuscrites sur vélin, XVe siècle.
4. Heures à l'usage de Rome, imprimées sur peau de vélin par Thielman Kerver en 1503; in-8º.

M. l'abbé **PELLETIER**, curé de Saint-Aubin-d'Écrosville.

5. Chasuble fabriquée en soierie ancienne, blanc et or.
6. Guipure.

7. Chasuble, avec broderies du xvɪᵉ siècle rap-
   portées.

M. le colonel **DU CHATEAU**, à Vernon.

8. Panoplie de 50 armes de divers pays, dents
   de morse, d'hippopotame et d'éléphant.
9. Panoplies d'armes du Sénégal et autres.
10.   *Id.*   de l'Inde et de l'Océanie.
11.   *Id.*
12.   *Id.*   *(Voir au n° 40.)*

Mᵐᵉ Victor **QUESNÉ**, à Elbeuf.

13. *Ecce homo*, statuette en ivoire, travail italien.
14. Épée antique en bronze trouvée en 1800,
    dans un tombeau, à Pont-Authou (Eure).
15. Fer de lance trouvé à Pont-Authou dans le
    même tombeau.
16. Couteau de chasse, fleurs de lys et ancre sur
    la poignée.
17. Couteau de chasse, travail allemand.
18. Vase en bronze à trois pieds et goulot du
    moyen âge trouvé à Saint-Nicolas-du-Bosc
    (Eure) en 1849. Une petite statuette de la
    Vierge était dans le goulot.
19. Mesure étalon en bronze de la baronnie du
    Neubourg (Eure), aux armes de Vieux-
    Pont-Neubourg.
20. Pièce de satin blanc brodée en couleur, dessin
    chinois, provenant du château d'Anet.
21. Hachette en bronze trouvée à Ste-Vaubourg.
22. Boîte-nécessaire, émail monté en argent, ren-
    fermant deux flacons et un carnet.

23. Boîte à savon, porcelaine de Saxe, avec un portrait de femme à l'intérieur.

24. Pot à eau, porcelaine du Japon ou de Chine.

25. Brosse montée en faïence de Rouen.

26. Croix en argent, surmontée d'un cœur, dite *Esclavage*.

27. Croix d'abbesse fleurdelysée en filigrane, avec rubis.

28. Châtelaine en cuivre doré découpé.

29. Éventail, miniature représentant un repas champêtre.

30. Châtelaine en cuivre doré, époq. de Louis XIV, médaillon avec cinq pendants.

31. Broc, faïence de Rouen, polychrôme, avec médaillon représentant S. Michel terrassant le dragon.

31 *bis*. Rouget de Lisle, grand médaillon en marbre blanc, signé P.-J. DAVID D'ANGERS.

32. Fontaine en terre cuite, à vernis jaune, fabrique ancienne de la Haye-Malherbe (Eure).

33. Broc, faïence de Rouen, décor bleu, avec devises singulières ou rébus, marquée *Louis Marette, 1721.*

34. Trois bas reliefs en albâtre, débris de rétables, l'Annonciation, l'Adoration des mages et le Crucifiement.

35. Vase funéraire, terre noire, à zigzags, trouvé aux Damps (Eure) en 1860, peut-être celtique et d'une conservation très-rare.

36. Christ doré provenant d'une croix de procession du XIIIe ou XIVe siècle.

37. Gémellion ou bassin à laver, bronze émaillé, avec 6 blasons.

38. Petit nécessaire en cuir doré à petits fers.

39. Petite Vierge en bronze, trouvée lors de la démolition du pont de Pont-de-l'Arche, dans une des culées.

M. le colonel **DU CHATEAU,** à Vernon. (*Voir n° 8*.)

40. Trois cuivres gravés, planches originales de Callot, avec les épreuves dans le même cadre.
41. Marine à l'huile, par Lauvergne.
42. Trophée d'armes en or et argent, offert au colonel du Château par la République orientale (Amérique du Sud).
43. Joyaux de la couronne du roi Pitter, de Grand-Bassam (côte d'Afrique).
44. Bronze indien, déesse aux quatre bras.
45.   *Id.*   adorateur du feu.
46.   *Id.*   déesse de la reproduction.

Mme **LAPIERRE**, à Évreux.

47. Montre de femme, émaillée en or, époque Louis XVI.
48. Montre de femme en or ciselé, style Louis XVI.

Mme **BOURDON**, rue Saint-Léger, à Évreux.

49. Biscuit de Sèvres, groupe.
50. Groupe en biscuit de Sèvres.

M. Eug. **BRÉAUTÉ**, à Vernon (Eure).

51. Vue d Évreux, de Peters, tirée de Merian.
52. Spécimen d'une collection de 800 boutons décorés, sujets et peintures diverses, depuis Louis XIV jusqu'à la République.

53. Portraits des rois de France, demi-reliefs, biscuit de Sèvres.

54. Bijoux avec camées et biscuits de Sèvres et de Wedgwood, blancs sur fond bleu.

55. Cadre de grisailles et miniatures diverses.

56. Quinze sujets émaux et peintures à l'huile.

57 Cruche, faïence de Rouen, ajourée et traversée par un tube réfrigérant, avec le nom de Pierre Le Rat.

58. Cruche de Rouen, au nom de Louis Bocheron, 1707.

59. Cadre avec ornements en fer découpé, contenant divers objets de ferronnerie d'art, notamment une porte de tabernacle, découpée et gravée, et un verrou de Henri II.

60. Cadre contenant 27 objets de serrurerie d'Alsace et autres.

61. Topographie du département de l'Eure, pancarte manuscrite avec armoiries des villes et de diverses familles.

62. Les Quatre-Saisons, quatre demi-reliefs en bronze, travail français, xviie siècle.

63. Petit miroir de Venise, cadre en cuivre estampé, avec chiffre et couronne.

64. Deux grandes miniatures sur vélin, xviie siècle.

65. Lampe suspendue, faïence de Rouen.

66. Deux flambeaux, faïence de Nevers.

M. ROUSSEL, à Rouen.

67. Deux vases hispano - moresques avec couvercles.

68. Deux grands médaillons, faïence italienne
à fond bleu, Luca della Robbia.

69. Un bas-relief en os. Un saint en extase.

M. **DE GLANVILLE**, à Rouen.

70. Coffret gothique.

71. Arquebuse à rouet incrustée d'ivoire, gravée
et niellée.

72. Crosse du XIIIe siècle en cuivre émaillé représentant l'Annonciation.

73. Une custode du XIIIe siècle en cuivre émaillé.

74. Un éperon en fer ciselé, XVIIe siècle.

75. Une partie de grande agrafe mérovingienne.
dessin représentant des lions. — Pièce remarquable.

76. Une petite aumônière en soie rouge du
temps de Louis XIV, avec deux portraits
en émail.

77. Casque gaulois en bronze trouvé aux environs de Falaise. — Pièce très-remarquable.

M. **DUTUIT**, à Rouen.

78. Une pendule de l'époque de la renaissance
avec bas-reliefs en bronze doré.

79. Une aiguière en étain avec son plateau, par
François Briot.

80. Deux buires en étain par Briot, avec bas-
reliefs. (Collect. Soltikoff.)

81. Enfants, bas-relief en bronze par François
Flamand.

M. André **POTTIER**, conservateur de la bibliothèque publique
de Rouen.

82. Un cadre de bijoux normands.

M. l'abbé **COLAS** , chanoine à Rouen.

83. Un cadre de bijoux normands.

84. Agrafe de chape en argent vermeil, XIVe siècle.

85. Grande agrafe de chape émaillée, XIVe siècle.

86. Paire de boucles, argent avec pierres, pour souliers.

87. Croix, or et pierres.

88. Un Saint-Esprit en or et pierres.

89-90. Deux colliers en argent.

91. Un triptyque en ivoire du XVe siècle.

92. Un diptyque en ivoire du XIVe siècle.

93. Une monstrance ou ostensoir, XVIe siècle.

94. Une monstrance de la fin du XVIe siècle.

95. Une monstrance simple.

96. Une boîte aux saintes huiles, cuivre doré.

97. Une petite châsse émaillée, en forme de coffret, XIIe siècle.

98. Une custode émaillée.

99. Une custode.

100. Un encensoir gothique.

101. Navette à encens.

101 *bis*. Croix byzantine avec émaux.

101 *ter*. Croix en cuivre doré repoussé, travail italien, fin du XVe siècle.

M **COURTONNE,** architecte à Rouen.

102. Un groupe en bois de chêne représentant le sacre d'un évêque.

103. Groupe en bois représentant la naissance de saint Jean-Baptiste.

104. Bas-relief en bois représentant la Crèche.
105. Groupe en bois représentant la Circoncision.

M. DE BOCTEY, au château d'Hermival, près Lisieux.

106. Fontaine et deux aiguières, faïence de Rouen.
107. Porte-huilier,   *id.*
108. Plat, camaïeu bleu,   *id.*
109. Deux grands plats bleus, dessin chinois.

M. le comte **DE SALVANDY**, à Graveron.

110. Pistolets arabes provenant du camp d'Abd-el-
     Kader.
111. Poignard de même provenance.

M. Eug. **LEMETTAYER**, à Montreuil-l'Argillé.

112. Petit miroir avec les insignes de la Passion
     gravés sur glace.

Mme **VAUTRIN,** à Gravigny, près Évreux.

113. Deux assiettes, faïence de Delft.

M. **LEREBOURG**, à Bernay.

114. L'enfant Jésus dans la Crèche, albâtre.

M. **AUDAN** aîné, à Ivry-la-Bataille.

115. Bénitier en cuivre, XVIIe siècle, représentant
     le baptême de N. S.

M. le marquis **DE GUERNY**, à Guerny.

116. Adoration des mages, groupe en bois.

Mlle **LEFRANÇOIS**, à Bernay.

117. Coffret en cuir noir, avec ferrements en acier
gravé ; l'entrée de serrure porte la devise :

N O V S · S O M M E S · I N S E P A R A B L E S ·

M. **CHEVALIER**, percepteur à Amfreville-la-Campagne.

118. Râpe à tabac ou grivoise en bois ciselé.
119. Aiguière en faïence de Rouen, décor bleu.
120. Tête antique en bronze, trouvée dans la forêt
de Beaumont-le-Roger, avec l'inscription :

E S V   M O P A S O   C N V S T I C V S

V   S   L   M

121. Fragment d'éventail chinois.
122. Boîte en bois ciselé, xviie siècle.
123. Saint Jérôme, bas relief en ivoire.

Mme **LETELLIER**, à Tourneville.

124. Crucifiement, bas-relief en albâtre.

M. Henri **TELLOT**, à Dreux.

125. Boîte en poirier finement sculpté.
126. Petit meuble en ébène incrusté d'ivoire.
127. Chasuble du xve siècle.
128. Grand Christ en ivoire : hauteur 50 cent.
129. Grand plat en cuivre repoussé et argenté,
travail italien.
130. Petit plat en cuivre repoussé et argenté.
131. Diptyque en ivoire, xve siècle, très-fin et
intact, représentant huit scènes de la vie
de N. S.

132. Coffret en os sculpté.

133. Vierge en bois sculpté.

134. Coffret en fer ciselé, renaissance.

135. Meuble en écaille incrusté d'ivoire.

136. Tapisserie.

137. Portrait d'homme, miniature sur ivoire.

138. Quatre boîtes à mouches : 1º émail, dessin or ; 2º émail, paysage ; 3º cuivre repoussé et doré ; 4º ivoire sculpté.

139. Triptyque en cuivre, en relief émaillé, russe.

140. Amulette en pierre verte dure, sujet des deux côtés.

141. Ancien chapelet en argent.

142. Corbeille en ivoire finement sculptée, travail chinois.

143. Paix en émail, Notre-Dame-de-Pitié, XVIe siècle.

144. Éventail Louis XV.

145. Très-petit tableau en ivoire sculpté.

146. Minerve en émail, ovale.

147-148. Deux bustes de moine en relief, en pierre dure sur fond d'agate, travail italien.

149. Vierge, émail de couleur, rond.

150-151. Deux allégories, grisailles, émail carré.

152. Vierge en ivoire sculpté, travail espagnol.

153. Vierge assise, en ivoire, moyen âge.

154. Très-petits plats en cuivre repoussé et argenté, travail italien.

155. Assiette en étain fondu, avec reliefs, travail allemand.

156. Petit bénitier en bois sculpté, avec les instruments de la Passion.

157. Petit bas-relief albâtre : J.-C. en jardinier et la Vierge.

158. Deux empereurs, statuettes en bronze doré.

Mme **PRIEUR**, à Evreux.

159. Un éventail, peint sur lames d'ivoire, époque de Louis XV.

M. **LANON**, à Elbeuf.

Faïence de Rouen.

160. Un plateau de table.
161. Grand surtout de table, décor bleu.
162.   *Id.*   plus petit.
163.   *Id.*
164.   *Id.*
165. Plat à sujet chinois.
166. Soupière ovale chantournée.
167. Deux vases à fleurs.
168. Cruche représentant les Quatre Saisons.
169. Cruche polychrôme représentant Ste Marguerite, avec le nom et la date. « 17. Marguerite Touzé. 36. »
170. Aiguière, décor rouge et bleu.
171. Deux potiches, l'une marquée en noir H. T. 1732.
172. Plateau à pans.
173. Plat.
174. Deux plateaux octogones.
175. Deux bouteilles, faïence de Rouen, blanche, décor moderne.
176. Plat avec chiffres couronnés.
177. Deux petits plats, l'un marqué S AR.
178. Deux assiettes à 6 pans.

179. Assiette à feston.
180. Onze assiettes.
181. Huilier.
182. Deux consoles ou supports en faïence poly-
     chrôme.

Faïence de Moustier.

183. Plat blasonné.
184. Plat à figures cariatides, style de Berain.
185. Deux sucriers ou boîtes à sucre râpé.
186. Deux assiettes.

187. Deux plats à poisson, faïence de Strasbourg.
188. Assiette à blason allemand.
189. Assiette blasonnée, de Chine.
190 Plat, faïence hollandaise.

Faïence italienne.

191. Plat blasonné.
192. Plat à sujet et blason.
193. Assiette.
194. Petite assiette.
195. Deux tasses avec soucoupes.
196. Deux petites assiettes.
197. Deux vases montés, porcelaine de Sèvres.
198. Fontaine en grès de Bayeux.
199. Bouteille en faïence, or et couleur.
200. Plateau et vases en faïence de Castel-Du-
     rante.
201. Assiette, faïence italienne de Castel-Durante.
202. Bouteille en grès allemand, à fleurs de lys.
203. Bureau Louis XIII, marqueterie d'ivoire,
     ébène et bois divers.

204. Table Louis XIII.
205. Deux chaises Louis XIII, indiquées comme provenant de l'ancien palais épiscopal de Bayeux.

M. RADOU, à Gisors.

206. Christ en ivoire.
207. Vierge en ivoire, les pieds sur un croissant.
208. Saint Nicolas, en ivoire.
209. Deux assiettes en faïence de Delft.
210. Trois assiettes, faïence de Nevers, époque de la Révolution.

M. MAZOYER, à Gisors.

211. Plat à barbe en porcelaine du Japon.
212. Médaille de Louis de Bourbon.
213 Modèle de canon avec ses accessoires.

M. le colonel SANS REFUS, à Gisors.

214. Vase en verre de Venise émaillé.
215. Plat de porcelaine de Chine armorié.

M. BRONNER, à Gisors.

216. Cinq gravures anglaises et six dessins.
217. Deux assiettes en porcelaine de Sèvres.
218. Grand pot en porcelaine de Chine, avec son couvercle.
219. Pot à eau, cuvette et quatre assiettes en porcelaine de Saxe.
220. Buire et tasse en porcelaine de Chine.
221 Cornet avec son couvercle, deux bols et deux assiettes en porcelaine de Chine ou du Japon.

222. Cachet en cristal monté en or, gravé par
Simon. — Porte-cure-dents en argent fili-
grané.

223. PETRVS JEANNIN, grand médaillon en bronze,
signé G. DVPRE. F. 1618.

Camée anglais de Wedgwood.

Mlle Blanche **PASSY**, à Gisors.

224. Soupière avec son couvercle, faïence de
Moustiers.

225-226. Pot à l'eau et cuvette, faïence de Rouen.

227. Aiguière, faïence de Rouen, décor bleu.

228. Plateau creux, à anses cordées, faïence de
Rouen, décor bleu, xviie siècle.

229. Lampe en forme de chandelier, fabrique inconnue, peut-être hollandaise ?

230. Broc, faïence de Rouen, décor bleu, représentant Ste Anne instruisant la Vierge, avec
les noms : « Marie-Anne Lechat, 1723. »

Mme **PRIEUR**, au château du Champ-de-Bataille.

231. Série de cinq mesures étalons de capacité, en
cuivre, de la baronnie du Neubourg, aux
armes de Vieuxpont-Neubourg.

M. **DE NAYVILLE** père, à Gisors.

232. Plat en porcelaine du Japon.

233.   *Id.*   dessin rouge.

234. Lettre de Goulamgman-Houssen-Kan à M. Le-
noir du Meslier, conseiller au conseil supé-
rieur de Pondichéry, écrite en 1736, sur
papier de Chine, et renfermée dans un sa-

chet de soie rouge brodée, avec sa traduction.

235. Montre ancienne portant le nom d'Yver à Angoulême.

236. Cuvette en porcelaine de Chine.

237. Deux soucoupes.

238. Tasse et soucoupe.

239. Quatre assiettes.

240. Boîte à jeu en laque avec chinoiseries en or.

Mme **DE SAINT-GERMAIN**, à Évreux.

241. Une grande pendule, premier style de Boule, époque de Louis XIV, mouvement indiquant les jours du mois, carillon.

M. **HOUDOUARD**, à Breteuil.

242. Une grande pendule, incrustations de cuivre et d'écaille, fin de l'époque de Louis XIV. Hauteur avec le socle : 1 mètre 50 cent.

M. **LEFEBVRE**, à Bouchevilliers, près Gisors.

243. Poignard persan.

244. Grande choppe flamande armoriée et datée de 1604.

245. Flûte double de Bédouin.

246. Cuiller à sacrifice de l'Égypte antique.

247. Lingane ou porte-tasse égyptien en cuivre doré.

248. Porcelaine anglaise du XVIIe siècle.

249. Collier de Bédouin de l'oasis de Baharich.

250. Plat, école de Bernard Palissy.

251. Coupe rapportée d'Herculanum.
252. Deux gargoulettes usuelles d'Égypte.
253. Casse-tête de femme sauvage.
254. Scarabée égyptien en jade avec hiéroglyphes.
255. Portrait en miniature du général Augereau. — Médaille de bronze de la bataille de Marengo.
256. Sceau trouvé à Bouchevilliers : P. BEAVFIS.
257. Deux chandeliers en bronze, trouvés à Amécourt.
258. Firman turc de Mahamoud. — Firman égyptien de Méhémet-Ali.
259. Neuf pièces de monnaies orientales, piastres, paras, etc.

M. GRILLON, à Gisors.

260. Écran chinois.
261. Salière émaillée.
262. Sucrier en porcelaine de Chine.
263. Nécessaire, bois et ivoire. — Boîte à mouches.
264. Saint Joseph, émail de Limoges, signé Pierre Noualher.

M. R. S., à Gisors.

265. Assiette de la Révolution. « La Nation. »
266. La Sainte Famille, peinture sur bois, avec cadre en bois doré de la Renaissance.

Mme DORÉ, à Gisors.

267. Assiette et tasses de faïence de Delft.

M QUINVILLE, à Gisors.

268. Plat en faïence d'Alsace.

MUSÉE DE LA VILLE DE GISORS.

269. Sceau de Clément X, empreinte en corne.

270. Sceau du gardien des Recollets de Gisors.

271. Tableau russe.

272. *Id.*

273. Sceau particulier.

274. Sceau.

275. Médaillon de Ferdinand le Catholique.

(Voir n° 1079.)

M. Frédéric **DE POSTEL**, au château de Lierru.

276. Giberne d'un officier hanovrien, aux armes d'Angleterre, broderie or et argent, XVIIIᵉ siècle.

277. L'*Iliade* d'Homère, traduite en vers français par Hugues Salel, 1525, in-fol.; initiales en manière criblée et gravures sur bois, style de Geoffroy Tory. Reliure du temps, à compartiments, dans le genre de celles de Grolier.

Mᵐᵉ **ULYSSE**, à Gaillon.

278 Une jardinière en faïence de Marseille.

M. **FERRET.**

279. Petit vase en porcelaine du Japon, avec couvercle.

Mᵐᵉ **FROMONT**, à Gaillon.

280. Soupière en faïence de Rouen.

281. Plat en faïence.

282. Grand plat à armoiries épiscopales, faïence de Nevers, des premiers temps de l'imitation chinoise.

283. Compotier en faïence de Strasbourg.

M. PORTIER, à Gaillon.

284. Plat en faïence de Rouen, polychrôme.

M. GALLAIS, à Bouchevilliers.

285. Sucrier en faïence de Strasbourg.

Mlle **PIET**, à Gisors.

286. Cadre renfermant de petits sujets sculptés en ivoire. FORTUNÆ SUÆ QUISQUE FABER.

M. Ernest **LEBLANC**, à Gaillon.

287-288-289. Trois stylets corses.

M. LEMAIRE, inspecteur des forêts, à Louviers.

290. Scramasax, épée franque trouvée dans la Seine.

291. Arme franque trouvée dans la Seine.

292. Hachette gallo-romaine trouvée dans la forêt d'Eawy.

293. Framée franque trouvée dans la Seine.

294. Étrier trouvé dans la Seine.

M. HEUDEBERT, à Noyers-sur-Andelys.

295. Saladier en faïence, marqué au revers *Noël Chopin*, 1664, décor bleu grossier.

M. **LEHEC**, médecin à Étrépagny.

296-297. Deux assiettes à pans, peintes à l'huile
par Robert Hubert.

M. le comte **DE REISET**, au Breuil-Benoît.

298. Crosse en cuivre émaillé de bleu, avec ca-
bochon; l'Agneau de Dieu au centre de la
volute. Époque douteuse.

299. Triptyque en bois sculpté, peint et doré.

300. Plat en émail, grisaille, xvie siècle, portant le
chiffre **28**.

301. Coupe en émail avec peinture de la sainte
Famille et riches arabesques.

302. Saint Mathieu, plaque d'émail.

303. Coupe en émail, avec huit sujets.

304. Saint Thomas, plaque d'émail.

305. Crucifiement, plaque d'émail.

306. L'Hiver, statuette en marbre blanc, par Gay-
rard.

M. **DE LA VÉRONNERIE**, à Breteuil-sur-Iton.

307-308. Paire de salières en émail.

309. Croix en argent, trouvée aux Baux en 1861.

310-311. Plat de Chine.

312. Plat rond de porcelaine de Chine.

313-314-315-316. Quatre assiettes du Japon.

317-318. Assiette de Chine.

319-320. Seaux à rafraîchir.

321. Coffret garni en argent, venant de l'abbé
Thirel de Boismont, prédicatr de Louis XV,
de l'Académie française.

322. Bonbonnière en écaille blonde, avec paysage.
323. Reliquaire en médaillon.
324. Lettre autographe de Nicolo Paganini.

L'HOSPICE DE BRETEUIL.

325. Petite croix à reliques.
326. Bref du pape Célestin III.
327. Christ.

M. ZILL DES ILES, à Breteuil.

328. Deux étuis, l'un en argent.
329-330. Deux coffrets à bijoux.
331. Serre-papier en jade.

M. LOISELEUR, à Beaumontel.

332-333. Deux images, l'une du Saint-Suaire.

M. GERALDY, conseiller à la cour de Caen.

334. Encrier en faïence de Rouen polychrôme.

Mlle Marie BLIN, à la Vieille-Lyre.

335. Vase cylindrique en grès blanc ancien.

Le couvent des Religieuses CARMÉLITES d'Évreux.

336. Une bande de guipure.
337. Trois morceaux de filet, broderie anglaise.
338. Deux cadres en cuivre, avec peintures.
339. Un devant d'autel en moire blanche, brodé en soie de couleurs.
340. Saint Louis portant la sainte couronne, statuette en bois peinte et dorée.

341. Sainte Clotilde, figurine en bois peinte et dorée.
342. Notre-Dame-de-la-Délivrande, statuette en bois d'épine.
343. Voile de calice avec sa bourse, richement brodé en relief.

L'Église **NOTRE-DAME** de Vernon.

344. Aube ancienne.
345. Tunique de diacre, de l'ornement dit de la Maréchale, donné au chapitre de Vernon en 1713.
346. Chasuble du même ornement.

M. l'abbé **BRÉHAM**, à Évreux.

347. Éventail, dessin chinois, ayant appartenu à la duchesse de Montmorency.

M. **DELAUNAY**, professeur de dessin, à Rouen.

A. *Faïence de Rouen.*

348. Boîte à mouches.
349 et 350. Bénitier et deux petits cadres, style Louis XIV.
351. Une sucrière, décor bleu et rouge.
352. Grand plat, décor bleu, blasonné.
353. Grand plat, décor bleu, aux armes de Phelipeaux de Pontchartrain la Vrillière.
354. Grand plat creux, imitant le japon.
355. Guéridon, décor bleu et rouge.
356. Bénitier avec cadre polychrôme.
357. Lampe d'église, pièce rare et d'un très-beau décor polychrôme.

358. Un petit lion dont le pied servait de marque ou de cachet.

359. Un plateau creux, dessin bleu et rouge.

360. Assiette à décors et ornements bleus, jaunes et noirs.

361. Plateau à anses, représentant une femme au bain, décor polychrôme. Pièce remarquable.

362. Petit plat, sujet rococo.

363. Plateau à anses, sujet chinois.

364. *Id.* dessin dentelle bleu et rouge.

365. *Id.* bord quadrillé vert.

366. Plat festonné, décor à guirlande.

367-368-369-370. Quatre assiettes festonnées, décor à guirlande.

371. Assiette décor bleu et rouge rayonnant.

372. Assiette dessin chinois.

373. Autre assiette, dessin chinois différent.

374. Assiette bord à panneaux quadrillés, chiffre.

375. Assiette, dessin à la corne d'abondance.

376. Assiette, dessin au carquois.

377. *Id.* bouquet.

378-379. Deux assiettes à fleurs rouges, imitation rouennaise de la faïence de Strasbourg.

380. Écuelle à bouillon et son plateau, à la corne. Toutes les pièces précédentes sont attribuées aux fabriques de Rouen.

B. Porcelaines.

381 Théière, porcelaine de Chine, supportée par trois figures.

382. Deux bouteilles allongées en porcelaine du Japon.

383. Plateau, très-ancienne porcelaine de Chine, décor vert.

384. Grand plat de Chine, blason de sable semé de fleurs de lys d'or, avec au-dessous la légende ARTOYS.

385. Grand plat semblable, aux armes d'Angleterre, avec la légende : ENGELANDT.

386. L'Éducation de Bacchus, plat de Palissy.

387. Plat de Palissy, à jour.

388. Saint Ignace, émail de Laudin, à Limoges.

389 Sainte Catherine de Sienne, émail du même, faisant pendant.

390. Lapidation de S. Étienne, bas relief en bronze.

391. Conversion de S. Paul, *id.* *id.*

C. Cristaux.

392-393. Aiguière en cristal et son plateau.

394. Deux flacons en cristal doré.

395. Verre à consoles autour du pied.

396. Plat de Faenza godronné.

397 Bouteille en forme de soulier, faïence italienne.

398. Fusil arabe.

M. Constant **JOURDAIN**, rue de l'Épée, 50, à Rouen.

399. Autographe du ministre Roland de la Platière, trouvé sur lui au moment où on le trouva mort à Bourg-Baudouin (Eure).

400. Bulle de nomination de François d'Estrades à l'abbaye de Conches, en 1675.

401. Manuscrit in-folio, avec enluminures, contenant des Noëls normands datés de 1566 à

1608, par des ecclésiastiques du diocèse d'Évreux, notamment de Verneuil.

402. Poésies du cardinal du Perron, évêque d'Évreux, avec son portrait, édition in-folio.

M. BAILLY, conservateur des hypothèques à Evreux.

403. Deux assiettes, faïence de Delft.
404. Boîte en laque contenant huit gros pains d'encre de Chine, prise au palais d'été sur le bureau de l'empereur.
405. Instruments de musique chinois.
406. Trois crics malais.
407. Série de monnaies chinoises en argent.
407 *bis*. Lance chinoise.

La **VILLE D'ÉVREUX** (collection MOLVAUX).

408. Cornet à six pans, porcelaine de Chine.
409. Cornet en porcelaine du Japon, décor bleu.
410. Sucrier en porcelaine de Saint-Cloud, décor bleu. (Legs SAGANT.)

M. LEMESLE, à Évreux.

411-412. Deux plats, faïence de Rouen, polychrômes.
413. Espingole italienne, avec incrustations, xviie siècle.
414. Espingole d'abordage, anglaise.
415. Stylet napolitain damasquiné.
416. Couteau-hache de voyage, italien.
417. Yatagan arabe.
418. Pistolet de fonte avec pommeau d'argent.
419. *Id*.

M. Emile **GUERSENT**, à Evreux.

420. La Vierge aux Anges, émail de Limoges,
signé M. P.

421. La Nativité de Notre Seigneur, miniature
rehaussée d'or.

M. **DE SAINT-LUC**, à Evreux.

422. Deux grands landiers en fonte de fer, du
xvᵉ siècle, représentant des sauvages, portant le blason de Dreux.

423. Grand plat, faïence de Rouen, dessin bleu et
jaune.

424. Grand plat, faïence de Rouen, armorié de
deux blasons accolés : le premier, à un
chevron accompagné de trois *pignates* ou
aiguières; le deuxième, de la famille Le
Bastier.

M. **DE TAURIAC**, à Evreux.

425. Poignard corse.

426. Couteau à manche en marqueterie d'ivoire et
de cuivre, travail oriental.

M. **LANGEVIN**, à Meulan (Seine-et-Oise).

427. Sainte Famille, trois grands personnages,
ivoire espagnol, xviiᵉ siècle. Morceau ca-
pital sur un socle sculpté. Hauteur du
S. Joseph : 40 centimètres.

428. Statuette italienne du moyen âge, en ivoire,
sur socle à jour sculpté.

429. Vierge agenouillée, en ivoire, ancien travail
de Venise.

430. Vierge en ivoire du XVIᵉ siècle, sculpture
de Florence.

431. Bronze romain doré.

432. Bronze.

433. Petit buste de Cicéron, marbre antique.

434. Ottone, buste en albâtre, par Puzzioni.

435 Vierge en terre de Savignies, XVIᵉ siècle.

436. Potiche en porcelaine de Chine céladon.

437. *Id.* formant la paire, sur socle en cuivre
doré.

438. Petit candélabre Chine craquelé, monture
Pompadour.

439. Petit candélabre formant la paire.

440. Vase de porcelaine de Saxe, monté en bronze
doré, style Louis XV.

441. Pendant du précédent.

442. Marbre antique : divinité égyptienne.

443. Tète de Christ en ivoire, sculpture italienne
de Passiavelli.

444. Porcelaine pâte tendre, dite du duc de Maine,
potiche à fleurs bleues, très-rare.

445. *Id.* formant la paire : pâte tendre.

446. Salière de même porcelaine, *id.*

447. *Id.* formant la paire.

448. La sainte Famille, faïence de Pesaro, provenant de la collection Debruge-Duménil.

449. Jardinière ovale en faïence de Nevers, dessin
chinois bleu tendre.

450. Potiche Gourdiche, dessin chinois, en faïence
de Rouen.

451. Petit joueur de vieille, en faïence de Savone
bleue, rare.

452. *Id.* formant la paire.

453. Aiguière en faïence de Rouen, dessins bleus
très-fins.

454. Assiette en faïence de Rouen.

455. Grand pot, avec les figures de sainte Anne et
de la Vierge, faïence de Rouen, dessin
bleu tendre.

456. Cuvette en faïence de Rouen où sont peints
un paon et des fleurs, décor persillé.

457. Pot à eau, faïence très-ancienne.

458. Cuvette du précédent, à anses torses.

459. Potiche, faïence de Nevers, fond grand bleu,
fleurs et oiseaux coloriés dessinés en blanc
fixe rehaussé de jaune.

460. Saucière, faïence de Moustiers, dessin bleu.

461. Pot de grès de Flandres. Mascarons coloriés.

462. Grand plat de faïence de Nevers, fond grand
bleu, dessin blanc fixe représentant saint
Michel.

463. Le passage de la mer Rouge, grand plat de
faïence italienne, Urbino.

464. Notre-Dame d'Honfleur, sculpture sur bois du
moyen âge.

465. Christ en ivoire d'après Bouchardon, dans
son cadre vitré.

466. Glace de Strasbourg, gravée, représentant les
instruments de la Passion.

467. La Cène, repoussée sur cuivre, d'après Ede-
linck.

468. Saint François, repoussé sur cuivre.

469. Sucrier ovale en cristal de Bohême taillé.

470. Sucrier rond en cristal taillé, rare.

471. Pot à lait à anses en cristal de Bohême taillé.

472. Verre à pied avec couvercle, dessins à fleurs.

473-474. Verres à fleurs sans couvercle.

475. Grand verre rond sur lequel est gravée une chasse, également de Bohême taillé.

476. Grand verre de cristal gravé, où sont figurés les douze apôtres.

477. Cuvette porte-liqueurs avec deux carafons à bouchons, verre de Bohême taillé et doré

478. Saucière en faïence à dessin bleu.

479. Pot cylindrique en faïence de Moustiers, aux armes de Pompadour.

480. Potiche avec couvercle, faïence hollandaise verte.

481. Pendant du précédent.

482. *Id.*

483. Cornet en faïence de même fabrique.

484. Cornet complétant la garniture de cinq pièces.

485. Potiche en porcelaine bleue du Japon, montée en cuivre.

486. Pot à surprises en terre brune d'Avignon.

487. Curieux vase en bois, à couvercle, avec anse, couvert de figures en bosse et d'inscriptions latines et flamandes :

IN · GRAVI AES · LÆSVS · DELICTA · REVERTERE
SODES · NON · ETENIM · AD · MORES · EST
VIA + LVC · XV

488. L'Automne, terre vernissée.

489. L'Été, même fabrication.

490. Figurine en faïence.

491. Une Danseuse, statuette en faïence.

492. Enfant nu, statuette.

493-494-495-496. Les Quatre Règnes des Arts, biscuits bronzés.

497. Figurine de femme, ivoire, travail florentin.

49 . Sainte Cécile, ivoire, même travail.

499. Jésus-Christ apparaît aux saintes femmes, émail en hauteur.

500. La Magdeleine au désert, grand émail italien oblong, cadre ancien, avec l'inscription :

VENITE · POST · ME
VOS · QVI · PECHARE (*sic*)
SOLETIS

501. SAINT FRANÇOIS, émail signé au revers *Baptiste Nouailher, à Limoges*.

502. SANCTA MARIA MAGDALENA, émail signé au revers *Landin au fauxbourgs de Manique à Limoges*, cadre ancien.

503. SAINT FRANÇOIS, émail circulaire de Limoges.

504. SAINT VICTOR, coupe polylobée en émail.

505. SANCTUS NICOLAUS, au fond d'une coupe ronde en émail.

506. Boîte carrée en émail dit de Saxe.

507. Saint Jean l'Évangéliste peinture sur lapis-lazuli dans un cadre italien en écaille.

508. La sainte Vierge, petite peinture sur verre du XVI⁰ siècle, trait noir et jaune d'application.

509. Distribution du pain azyme, repoussé en argent, XVII⁰ siècle.

510. La Manne, repoussé en argent, pendant du précédent.

511. Grande coupe en argent.

512. Coupe à déguster, ornée de chimères.

513. Reliquaire en argent avec portraits de Jésus-Christ et la Vierge.

514. Croix reliquaire en argent avec médaille de saint Vincent de Paul.

515. Deux médaillons en argent doré.
516. Notre Seigneur au jardin des Oliviers, émail encadré de filigrane doré.
517. Médaille en bronze doré.
518. Encrier en cuivre doré, style Louis XV.
519. Tabatière en écaille, cerclée d'or, avec le portrait de la reine Marie-Antoinette, miniature par Dumont.
520. Tabatière en écaille noire, miniature.
521. Tabatière en buis, miniature par Bertin, représentant le parc de Saint-Cloud.
522. Tabatière en matière précieuse dite rosée d'Egypte.
523. Tabatière en pierre vert de mer antique, petite mosaïque.
524. Tabatière en granit de l'Inde avec camée.
525. Quatre miniatures dans deux cadres, provenant du cabinet Debruge.
526. Fleurs, miniature par Prevost Plandesk, rare.
527. Portrait de Buffon à 22 ans, miniature, dessin derrière.
528. Une marine, miniature ronde.
529. Petit tableau en ivoire, Laveuse et Pêcheur.
530. Montre ovale, époque de la renaissance, cuivre doré.
531. Montre sur un boîte longue, premiers essais d'échappement, époque de Louis XIII.
532. Montre dont toutes les pièces du mouvement sont en nacre.
533. Deux petits médaillons en ivoire, XVIIIe siècle.
534. Deux petits sabots en faïence de Rouen décorée.

535. Vide-poche en pierre dure, monture en argent doré.

536. Grande bonbonnière en émail dit de Saxe.

537. Chapelet à pierres précieuses et émaux, monté sur or, venant du grand maître de Malte.

538. Chapelet en vieil ambre et onyx.

539. Chapelet en cornaline, agate et onyx.

540. Chapelet en verroterie de Venise et agate.

541. Chapelet, grains en cristal de roche.

542. Chapelet, grains noirs de Venise, filigrane d'argent.

543. Chapelet, grains en agate onyx taillés.

544. Chapelet de l'île de Chypre, en ivoire rouge.

545. Chapelet, grains en vieille verroterie de Venise, XVIᵉ siècle.

546. Chapelet, grains de vieil ambre de Singapore.

547. Chapelet, grains en grenat du Brésil, filigrane de Florence.

548. Coupe et soucoupe en porcelaine de Chine.

LA VILLE DE NONANCOURT.

549. Sceau matrice de la mairie de Nonancourt, original en argent du XIVᵉ siècle ; aux armes.

Légende : S · MAIORIE · DE · NONNANCVRIE.

M. le comte LECOUTEULX DE CANTELEU, à Etrépagny.

550. Deux vaches, toile par Paul Potter.

551. Paysage, par Ruysdaël.

552. Montre avec le portrait de la reine Marie Leczinska enfant.

553. Éventail de Mᵐᵉ de Pompadour.

554. Collier or et argent, époque Louis XIII.
555. Boucles d'oreilles Louis XIII.

Mme **ERNOUF**, au château de Verclives.

556. Douze assiettes, porcelaine de la fabrique de Berlin.
557. Soupière d'argent avec son plat ciselé et gravé, époque de Louis XV.
558. Éventail style Louis XV, gouache de Vattier.
559. Broche en émail, avec pierreries du XVIe siècle.
560. Montre, époque de Louis XVI.
561. Bague onyx, époque de Louis XV.
562. Mosaïque hollandaise du XVIIe siècle.
563. Corbeille peinte supportée par des figurines en biscuit blanc.
564. Sabre turc.
565. Figurine en bois colorié.
566. Figurine   *id*.
567. Médaillon en marbre, portrait de M. Bignon.
568. Portrait, copie de Gérard.

M. Firmin **DIDOT**, à Mesnil-sur-l'Estrée.

569. Nid d'amour, sculpture de Chaudet, marbre.
570. Esquisse du tableau de Gustave Wasa, par Hersent.
571. Marguerite, esquisse par Scheffer.
572. Françoise de Rimini, par Ary Scheffer.
573. Phrosine et Mélidor, par Prud'hon.

M. Auguste **SIQUOT**, à Évreux.

574. Deux bouteilles en faïence.

575. Deux bouteilles de pharmacie en faïence de
Rouen.

576. Deux bouquetières en faïence de Rouen,
polychrôme.

577. Un lion de faïence de Rouen.

578. Trois assiettes en grosse faïence de Rouen,
avec attributs de mariniers, et le nom
« Jean-Louis Blondel, 1732 ». L'une est
datée de 1731.

579. Assiette, faïence de Rouen, bordure à treillis
vert.

580. Assiette, faïence de Rouen, sujet chinois.

581. Deux assiettes, faïence de Delft, décor rouge
et or.

582. Quatre assiettes de Rouen, décor bleu à
rosaces ; l'une porte la marque $\frac{3}{p}$

M. **STRAUSS**, rue de Grammont, 23, à Paris.

583. Vierge assise dans un fauteuil, tenant l'enfant
Jésus sur ses genoux, recouverte de plaques
d'argent et de bronze repoussé, travail allemand du xiv siècle. Hauteur : 70 cent.

584. Croix processionnelle en argent, avec tinte-
nelles, travail de la Renaissance. Hauteur :
87 cent.

585. Coffret d'ébène garni de cinq plaques en
émail de Limoges, grisaille.

586. Deux burettes et un plateau en argent, travail du xvii siècle.

M. Julien **HUET**, à Bois-Normand, près Lyre.

587. Croix normande dans un vieux cadre.

M. l'abbé **JOUEN**, chanoine à Évreux.

588. Grande potiche, faïence de Rouen, riche décor.
589. Cruche en faïence de Rouen, décor en couleurs, trois médaillons paysages, avec le nom : « Cellerin Avice, 1771. »
590. Grand cornet de faïence de Nevers.
591. Vase carré chinois.
592. Grande buire, forme gourde, faïence de Nevers.
593. Le pape Pie V, médaillon en marbre.
594. Le pape Innocent XI, médaillon en marbre blanc.
595. Le Crucifiement, grand bas-relief en bois.
596. Croix moyen âge, avec cabochons.
597. Grande fontaine faïence de Rouen, riche décor polychrôme, aux armes accolées des Leroux et des Filleul.
598. Deux buires céladon du Japon, montures en bronze doré Louis XV.   *(Voir n° 677.)*

MM. **LEMREZ** père et Jules **LEMREZ**, à Évreux.

599. Plat arabe.
600. Deux lampes arabes.
601. Vase arabe pour porter le lait.
602. Gargoulette à trois branches.
603. Deux gargoulettes à deux branches.
604. Coffret turc nacré.
605. Coffret en ivoire.

L'Église paroissiale de **MARBEUF.**

606. Croix processionnelle du XIIIᵉ siècle.

Confrérie de **CHARITÉ** du Chesne.

607. Grande croix de confrérie en argent, de la
    fin du XVIᵉ siècle.

M. Paul **DIBON**, à Louviers.

608. La sainte Vierge, émail translucide sur re-
    lief, XVᵉ siècle. Rare.
609. L'Adoration des bergers, albâtre colorié.
610. Christ en croix, bas relief sur bois colorié.
611. Livre d'heures enluminé, imprimé sur vélin
    en **1513**, par Gilet Hardouin.

M. **DUPONT**, à Damville.

612. Cruche en faïence de Rouen, polychrôme.
613. Plat à anse, beau décor polychrôme.
614-615. Deux plats, faïence de Rouen, décor po-
    lychrôme.
616. Compotier,   *id.*
617-618. Deux plats,   *id.* polychrôme.
619. Assiette,   *id.*

Mᵐᵉ **LAURENT**, marchande de curiosités à Évreux.

620. Deux reliquaires en bois doré.
621. Série de dix coffres gothiques et de la renais-
    sance.

M. Joseph **GOULLIART**, à Evreux.

622. Petite coupe en aventurine.
623. Divinité chinoise.
624. Bronze chinois : divinité.
625.   *Id.*

M. **BRUNET**, ancien pharmacien à Évreux.

626. Grand plat, faïence de Rouen, rosaces bleues.

627. Toilette, avec glace biseautée, en vieux laque
de Chine.

M. l'amiral **DE LA RONCIÈRE LE NOURY**, au château de
Cracouville, près Évreux.

628-629. Deux vases de Chine, pris dans le palais
d'été de l'empereur.

630-631. Deux compotiers en porcelaine de Saxe.

632. Grand compotier en porcelaine de Saxe.

633-634. Deux petits confituriers, même porcelaine.

635-636-637-638. Quatre assiettes en porcelaine
de Saxe.

639. Coffret oriental.

640. Table orientale.

Mme **DUHAMEL**, boulevard Saint-Jean, à Évreux.

641. Bénitier en cuivre représentant le baptême
de N. S., xviie siècle.

642. La Prédication de S. Jean-Baptiste, petites
figurines en ivoire.

643. Grand panneau en ébène sculpté : au centre
de la composition on remarque une scène
de la *Jérusalem délivrée*.

644. Grand médaillon en chêne sculpté représentant S. François d'Assises en buste.

M. **LANGLOIS**, au Neubourg.

645. Cabinet, marqueterie allemande.

646. Bureau Louis XIII.

M. LECOMTE, ancien notaire, au Neubourg.

647. Très-belle console Louis XVI.
648. Tête de Christ peinte sur marbre.

Mlle **HILARINE DE CERNAY**, à Évreux.

649. Montre d'abbesse.
650. Petit triptyque.

M. DE KIRWAN, garde général, à Évreux.

651. Boîte en cornaline, monture en or émaillé.
652. Bague entourée de perles.
653. Étui en or, cachet armorié.
654. Serre-papier fait avec des biscaïens pris à Sébastopol.

Mme **LEBORGNE**, à Fécamp.

655. Cinq petites plaques émaillées.
656. Montre avec médaillon émaillé et pierres anciennes.
657. Montre avec émail Louis XVI.
658. Châtelaine, émail fond bleu très-ancien.
659. Cachet en cristal gravé.
660-661. Deux croix à pierres, avec cœur.
662. Croix, argent, rose fine.
663. Collier, argent, pierres, croix pendante.
664. Saint-Esprit en pierres.

Mlle Juliette **AROUX**, de Fécamp.

665. Croix en argent repoussé.

666. Boucle d'oreilles en argent repoussé.
667. Collier en vieux émaux, monture en or.

Mme AROUX, de Fécamp.

668. Boucles d'oreilles.
669. Croix normande avec nœud en pierres à broche.
670. Crochets anciens, argent et damasquinés.
671. Châtelaine avec crochet et deux croix pendantes.

M. BRASSEUR, garde forestier, à Champigny.

672. Un grand plat, faïence de Rouen, blason à un arbre de.... au chef de ... chargé de trois croissants.

M. CREVEL, cultivateur, au Vieil-Évreux.

673. Deux étocs ou épis de toiture en terre vernissée verte.

M. Édouard DAVILLIERS, à Gisors.

674. Cabinet italien, XVIe siècle, beau travail.
675. Petit miroir Henri III.

M. le CURÉ de Vernon.

676. Deux cadres à compartiments en chêne, contenant : l'un, six tableaux peints sur bois, et l'autre, cinq tableaux peints sur bois et un sur cuivre.

M. l'abbé **JOUEN**, à Évreux.

677. Deux plaques de faïence hollandaise, représentant des oiseaux en cage.

678. Presse papier en forme de petit livre, faïence de Rouen.

679. Deux souliers, faïence de Rouen.

680. Saint Michel au fond d'une coupe en émail polylobée.

681. Saint Roch, plaque d'émail.

682. Une Sainte. *id.*

683. Saint Vincent, *id.*

684. Sainte Catherine, plaque d'émail.

685. Saint François, *id.*

686. Saint Bernard, *id.*

687. Miniature, époque de Louis XIV.

688. *Id.* *id.*

689. Montre Louis XIII.

690. La Flagellation, plaque d'émail.

691. La Cène, *id.*

692. Plaque Faenza.

693. *Id.* représentant l'Assomption.

694. Deux flacons, verre taillé, décorés, émail rose.

695. Deux verres semblables.

696. Croix d'abbesse provenant d'un chapelet.

697. Reliquaire en corne et cristal avec peintures.

698. Chapelet dont chaque grain contient une relique.

699. Petit coffret en fer découpé à mailles, gothique.

700. Clochette, métal et bois de l'incendie de la cathédrale d'York.

701. Trois figurines de saintes sous dais gothiques, os sculpté du xve siècle.

702. Verre de Venise.

703. Médaille Louis XIII.

704. Médaille Henri IV.

705. Vase en cristal de forme pyramidale.

706. Pièce en argent représentant Alexis Golovin.

(Voir les n°s 588 et 1368.)

M. le **CURÉ** de Saint-Pierre-des-Cercueils (près Elbeuf).

707. Grand reliquaire en écaille garni en bronze, xviiie siècle.

708. Christ en ivoire.

709. Portrait en pied de Louis XVI, broderie en soie.

710. Une aube en guipures.

711.   *Id.*

712. Chasuble fin du règne de Louis XIV.

713.   *Id.*   à médaillons, époque de Louis XIII.

M. **DUBOURDONNÉE**, à Évreux.

714. Portrait peint sur bois de Mlle Duclos ; les vêtements sont en marqueterie.

M. le capitaine-major **FONTERAY**, à Vernon.

715. Tableau : la Séduction par le vin.

716.   *Id.*   Intérieur d'un couvent, par Henry de Nanterre.

717. Les Baigneuses, gouache ancienne signée *E.-H. Langlois.*

M DE PULLIGNY, au château du Chesnay, près Écos (Eure).

718. Plat en faïence de Rouen, décor bleu armorié.

719. *Id.* plus grand, aux mêmes armes.

720 *Id.* pendant du n° 718.

721. *Id.* décor bleu.

722. *Id.* riche décor bleu.

723. *Id.*

724. *Id.*

725. Plat, faïence de Moustiers, armorié de gueules à deux léopards.

726 Plat, fabrique de Gênes, décor bleu.

727. Râpe à tabac en faïence de Rouen.

728. Bouteille, faïence des Abruzzes, ou peut-être faïence de Rouen à arabesques noires, sur fond ocre, décor rare.

729. Plat, faïence de Rouen à dessin chinois.

730. Saladier, faïence de Rouen, décor bleu.

731. Pot à fleurs, faïence de Rouen.

732. Broc,   *id.*

733. Une aiguière, faïence de Nevers, anses tordues.

734. Une aiguière, faïence de Nevers.

735. Six assiettes, faïence de Delft, décor bleu.

736. Petit plat,   *id.*

737. Pot à parfums hollandais.

738. Très-beau plat italien, fabrique de Castelli, représentant l'Arno avec ses nymphes, avec blason, peint par Taddeo Zucchero.

739. Très-beau plat italien représentant Noë et ses enfants au sortir de l'arche, peint par maëstro Giorgio, ou plutôt par Alfonso Patanazzi, fin du XVI° siècle.

740. Plat italien, David vainqueur de Goliath, avec
blason d'un archevêque, Faenza.

741. Plat italien, fabrique de Castelli, une Bataille.

742. *Id.* *id.* une Femme
et un Enfant.

743. Plat italien, fabrique de Castelli, Triomphe de
Neptune.

744. Plat italien, fabrique de Castelli, Vénus Amphi-
trite.

745. Plat de Urbino, Judith tenant la tête d'Holopherne.

746. *Id.* Femme assise.

747. *Id.* Chasseur à cheval.

748. *Id.* · saint Pierre.

749. *Id.* Crucifiement, très-curieux,
daté de **1670**, fabrique de Naples.

750. Plat de Urbino ou de Nevers? Adoration des
bergers.

751. Plat à aiguière, fabrique de Naples, saint Paul
devant le consul romain Sergius.

752. Plat à aiguière, faïence italienne, combats,
chasses, même fabr., ou de celle d'Abissola.

753. Plat de Urbino, dessin arabo-byzantin, bleu
et jaune, très-rare.

754. Plat Faenza ou d'Urbino? Annonciation avec
bordure à sujets raphaëlesques, XVIIe siècle.

755. Plat Faenza ou Urbino, une Vierge, style
raphaëlesque, 1637. S. ANNA GIUSTINA.

755 *bis.* La Vierge, petite plaque de majolique des
Abruzzes.

756. Un plateau raphaëlesque, Amour au milieu,
Faenza. Urbino, XVIIe siècle.

757. *Id.* *Id.*

758. Un plateau raphaëlesque, Faenza : l'Amour.

759. Assiette, fabrique de Gènes ou de Venise ? paysage et bouquets, marque C F, enlacés en bleu.

760. Assiette présentée comme de fabrique de Gênes, architecture et paysage (marque A F avec une croix et une couronne au-dessus entre deux palmes, indiquée par M. Demmin comme celle de A. Ferchi ou Terchi, céramiste de Rome).

761. Plat de Urbino, l'Homme au taureau.

762. Assiette de Gubbio, Enfant, 1600.

763. Plat creux, Faenza, ou Abissola ? Voyageur.

763 *bis*. Trois grands vases à anses, fond blanc, décor bleu et jaune, fabrique de Faenza, représentant des prophètes.

764. Plat hispano-moresque, à reflets métalliques, de Manissès, xviiie siècle.

765. Assiette, *Id.* *Id.*

766. Plat Bernard de Palissy, la Femme adultère.

767. Plat de Urbino, un Guerrier à cheval.

768. Grand plat faïence sicilienne, avec la marque P M, sous la date 1739, longue inscription en trois lignes.

769. Saladier, provenance inconnue, décors métalliques.

770. Grand plat creux, faïence italienne, Pénélope tourmentée.

771. Plat armorié, fabrique de Forli.

772. Aiguière de pharmacie, fabrique de Forli.

773. Aiguière, fabrique des Abruzzes, saint Martin coupant son manteau couronné, 1698, et marque très-curieuse.

774. Potiche, fabrique d'Urbino, 1629.

775. *Id.* Castel Durante : saint Simon.

776. *Id.* *Id.* une Sainte.

777. *Id.* *Id.* l'Ange de l'Annonciation.

778. Potiche, fabrique d'Urbino ou de Castel-Durante ?) : saint Paul, 1629.

779. Grosse potiche ronde, fabrique de Castel-Durante, un Saint portant une tête rayon-
nante.

780. Grosse potiche ronde : saint Sébastien.

781. *Id.* un Saint et une Sainte
portant une croix.

782. Potiche longue, fabrique de Castel-Durante :
sainte Thérèse et un Saint portant un dra-
peau.

783. Potiche longue, fabrique de Castel-Durante :
saint Laurent.

784. Grand bassin faïence d'Albissola ou peut-être
des premiers temps de la fabrication niver-
naise, Neptune et Triton.

785. Médaillon majolique des Abruzzes, pastorale,
Castelli.

786. Le pendant du précédent.

787. Médaillon, faïence italienne : la Vierge accom-
pagnée de deux religieux ; au-dessous, les
flammes du Purgatoire (1704), avec cadre
en faïence.

788. Une salière faïence de Faenza, raphaëlesque.

789. *Id.*

790. Salière Faenza.

791 *Id.* saint Jean.

792. Une salière à pied Faenza, soutenue par trois
anges, décor bleu.

793. *Id.* décor vert et jaune.

794. Bouteille plate, faïence italienne.

795. Vase de pharmacie,   *id.*

796.   *Id.*   *id.*

797.   *Id.*   fond bleu avec un guerrier.

798.   *Id.*   fond bleu.

799.   *Id.*   *id.*

800.   *Id.*   OXIMEL · PAS ·

801. Écritoire, fabrique de Naples.

802. Vase à bec, fabrique de Pesaro, à reliefs,
     vernis jaune.

803. Tasse, fabrique de Pesaro.

804. *Id.* avec soucoupe.

805. Bénitier Faenza : saint Jérôme, blason.

806. *Id.* italien : la Vierge.

807. *Id.*   *id.*

808. Bénitier italien : saint Michel.

809. Vase de pharmacie, fabrique italienne.

810.   *Id.*   *id.*

811.   *Id.*   *id.*

812-813. Paire de pots à électuaire, fabrique de
     Castel-Durante.

814. Vase de pharmacie, *id.*

815   *Id.*   *id.*

816. Pot à anse, faïence italienne.

817. Gros vase de pharmacie, fabrique de Faenza
     ou de Venise. AQVA · DI · CRESPIGI ·

818. Gros vase de pharmacie, fabrique de Faenza.

819. Gargoulette à anse, fabrique italienne.

820.   *Id.*   *id.*

821. Émail italien dans un cadre guilloché en
     ébène, Crucifiement.

822. Écuelle avec son plat, en argent massif, orfé-
vrerie ciselée, XVIIIe siècle.

823. Un plat repoussé en cuivre flamand : Adam
et Ève. (*Voir le n° 1100.*)

824. Un plat en étain : les douze Apôtres.

825. Petit albâtre : l'Ascension.

826. Albâtre : un Apôtre.

827. Coffret de fer à mailles, XVe siècle.

828.   *Id.*   gravé, personnages, XVIe siècle.

829. Mortier en fer fondu.

830. Lanterne époque de Louis XIII.

831. Bois sculpté, Guerrier, XVe siècle.

832.   *Id.*   la Visitation.

833.   *Id.*   une Vierge, XVe siècle.

834. Notre-Dame-de-la-Délivrande, peinture sur
cuivre.

835. Briquet vénitien, au lion de S. Marc.

836. Trois clefs, coffrets et trois serrures.

836 *bis*. Petit chandelier en fer, travail italien.

837. Petites statuettes sculptées en bois.

838. Objets divers en poil de porc-épic brodé sur
fond d'écorce de bouleau, offerts à M. de
Pulligny au Canada, par la reine des Otta-
was et les chefs des Sioux Ogebwas,
Jowas, Chippaways; calumets de paix et de
guerre, mocasins.

838 *bis*. Collection de pavés à vernis plombifère de
diverses époques, fabrique de Beauvais,
20 dessins différents, provenant des anciens
pavages du château du Chesnay (Eure).

838 c. Quatre nappes en filet et point coupé, XVIe
siècle.

838 D. Un bas d'aube.

838 E. Berthe en guipure.

838 F. Grande pièce de filet.

838 G. Bande de guipure.

M. l'abbé DUBOIS, à Bernay.

839. Buste de moine en terre cuite, trouvé à Saint-Hilaire, pièce très-remarquable.

840. Le Père éternel, bas relief d'albâtre.

841. L'Ame chrétienne et l'Ange gardien, peinture sur cuivre.

842. Sainte Catherine, peinture sur cuivre.

M. le duc DE CLERMONT-TONNERRE, au château
de Glisolles.

843. Boîte à jeu, contenant quatre petites boîtes remplies de fiches ivoire et nacre, avec devises, époque de Louis XV.

844. Le pape Pie VIII, camée, don du cardinal Lambruschini au cardinal de Clermont-Tonnerre, en 1830.

845 Boîte en vieux laque de Chine, contenant des tablettes d'encre très-curieuses.

846. Kandjar turc, du XVIIe siècle, fourreau en argent repoussé.

847. Échantillons des pierres de la rade de Brest et des environs.

848. Calice naturel de la fleur du boabab.

849-850-851-852. Quatre plats de forme creuse en porcelaine du Japon.

853-854. Deux plateaux de compotier, décor bleu, marqué à la fleur de lys. (Fabrique de Rouen ou de Lille ?)

855-856-857. Trois couvercles avec écrevisses et bouquets en relief (fabrique de Niederviller, de Rouen ou plutôt de Lille).

858   Jardinière en forme de caisse carrée; décor à fleurs, genre Saxe, marque à la fleur de lys, faïence de Lille.

859. Le pendant. Marque : une fleur de lys en noir.

860-861. Deux coquilles en faïence décor rouge et vert Savy, marquées d'une fleur de lys au revers.

862-863. Deux assiettes marquées au revers d'une fleur de lys.

864. Couvercle avec décors en relief, Strasbourg, Niederviller, Rouen ou probablement Lille.

865. Sucrier avec soucoupe, vieux Sèvres.

866. Porte-huilier en faïence de Rouen, décor de Saxe.

867. Chien en porcelaine de Saxe.

868. Chienne en porcelaine de Saxe.

(Voyez les nᵒˢ 1402-1414.)

M. **LOISEL**, à la Rivière-Thibouville.

869. Cabinet époque Louis XIII, en ébène incrusté d'ivoire, sujets représentant une chasse fantastique (travail flamand).

870. Grand plat faïence de Rouen, avec armoiries époque Louis XIV.

871. Pendant du précédent, mêmes armoiries.

872. Plat en faïence française, blason.

873-874. Deux assiettes en faïence de Rouen, avec les armoiries de Jean Le Normant, évêque d'Évreux, de 1710 à 1733, décor bleu.

875. Assiette de faïence de Rouen, avec armoiries d'un évêque de la famille de Crussol-Uzès.

876. Assiette en faïence de Marseille, à personnages, époque de Louis XV.

877. Couvercle de soupière, faïence de Rouen,
avec armoiries accolées des familles du
Chesne, sieurs de Saint-Marc-de-Préaux,
près Pacy-sur-Eure, et du Chesne, sieur
des Châtelliers.

878. Broc faïence de Rouen : un Chasseur et un
Bûcheron, avec le nom : « Michel l'Enfant ;
1725. »

879. Petit broc, faïence de Rouen, en forme de
personnage assis sur un tonneau.

880. Énée et Didon, plateau faïence de Faenza ou
plutôt de Lyon. (M. Darcel en signale un
semblable au Louvre.)

881. Boîte à mouches, faïence de Saxe.

882. Écrin contenant un déjeuner en porcelaine
de la fabrique royale de Naples, avec peintures de style étrusque.

883. Grand plat ovale de Bernard Palissy, représentant la Femme adultère ; provenant de
l'abbaye du Bec.

884. Petit plat rond de Bernard Palissy : le Sacrifice d'Abraham.

885. Petite coupe, genre et époque de Palissy, terre
de Manerbe, près Lisieux.

886. Grand Christ, émail champlevé, travail de
Limoges, xiiie siècle ; hauteur 40 cent.

887. Petit Christ émaillé et en relief, de même origine, xiie siècle.

888. Petit émail oblong, travail allemand, représentant une Devineresse.

889. Livre d'heures, manuscrit sur vélin, avec miniatures et enluminures, xive siècle.

890. Plateau d'aiguière en étain, travail allemand,
xvie siècle.

891. Grand sceau ogival de l'abbaye du Bec,
1563.

892. Dos de râpe à tabac en ivoire.

893. Grande râpe en bois, à trois fleurs de lys.

894. Râpe à tabac : NOLI ME TANGERE.

895. *Id.* avec les attributs de la Passion.

896. *Id.* aux armes de LE BIENVENU.

897-898. Deux étriers anciens en fer forgé.

898 *bis*. Quatre monnaies du moyen-âge, en or, et sept en argent, dont une de Charles le Chauve, trouvées en diverses localités des cantons de Brionne et de Beaumont.

M. POULAIN, horloger à Bernay.

899. Pendule dite Religieuse, écaille et incrustations de cuivre jaune.

M. LEGUERNEY, architecte à Brionne

900. Plat, faïence de Rouen à la Corne.

901. Plat, faïence de la fabrique d'Aprey, en Champagne.

902. Plat, faïence de Rouen, style chinois.

903. Soupière, faïence de Rouen, dessins chinois.

904. Ecuelle, en faïence de Rouen.

905. Saladier, faïence de Rouen, décor quadrillé vert, fabrique de Guillibaud.

906. Cruche en faïence de Rouen, dessin polychrôme, datée de 1783, avec le nom de Martin Lafleur et l'image de saint Martin.

907. Cruche ou broc en faïence de Rouen, inscription : « Etienne Londe, 1778. »

908. Cruche de même fabrique, polychrôme, à la date de 1735 et au nom de Guillaume Courage.

909. Petite Vierge en lave, rehaussée de couleurs, provenant de l'abbaye du Bec.

910. Une gourde en faïence de Rouen.

911. Tabatière en ivoire sculpté : Daphné changée en laurier.

912. Les Noces de Cana, petit groupe d'albâtre doré.

913. Statuette de saint Sébastien, en cuivre argenté, provenant de l'abbaye du Bec.

914. Buveur sur son tonneau, petit broc en terre émaillée de Lisieux.

915. Christ avec pieds en faïence de Rouen.

916. Assiette de Rouen, style chinois.

917. Grès émaillé bleu et gris, avec armoiries.

918. Corbeille à jour, de l'école de Palissy, ornée de marguerites et d'arabesques.

919. La Sainte-Famille, émail sur cuivre.

920. Petit vase ou bonbonnière en cuivre émaillé, époque de Louis XV.

921. Soucoupe, en émail de Limoges. Au centre : IVDITH. Signée au revers : *L. Naudin, près les Jésuites, à Limoges*. Très-jolie.

922. Bénitier en terre cuite d'Armentières. (Eure).

923. Huilier avec ses burettes en faïence de Rouen.

924. Verre en vieux Bohême.

925. Soupière de faïence de Strasbourg avec son plateau.

926-927. Paire de flambeaux en cuivre émaillé. Très-beaux.

928. Ciboire à godrons, en cuivre émaillé.

929. Assiette de Gubbio.

930. Saladier de faïence de Rouen, genre chinois.

931. Serrure provenant d'un bahut gothique.

932. Tasse et soucoupe de la manufacture royale de Capo di Monte, marquées d'un N couronné.

933-934. Deux plats, faïence de Rouen, dessin polychrôme.

935. Aiguière en faïence d'Italie.

M. BISSON, à Malouis.

936. Epi de toiture, terre vernissée de la fabrique de Lisieux, pièce capitale du xvie siècle.

M. Jules PERNET, à Paris.

937. Tabatière Louis XVI, ovale, or émaillé.

938. *Id.* ronde, en or guilloché.

M. le baron de BOISSIEU, conseiller à la Cour de Paris.

939. Tabatière oblongue en or émaillé, fond vert émeraude, Louis XVI.

940. Tabatière ronde en or émaillé, fond bleu, époque de Louis XVI.

M. LEROUX, à Paris.

941-942-943-944. Quatre assiettes en émail de Limoges, signées de Pierre Raymond et datées de 1567, représentant des sujets tirés de l'histoire de Jason. Ces assiettes portent les armes de la famille des de Mesmes, écartelé au 1er d'or, au croissant de sable, aux 2e et 3e d'argent, à deux lions passants de gueules, au 4e d'or à une étoile de sable, au chef de gueules, et en pointe coupé et ondé d'azur.

945. Le mariage de Rebecca, assiette émail sur paillon, par Suzanne de Court.

946. Plaque de miroir en émail, colorié sur fond noir, dans la manière de Jean de Court dit Vigier, dessin dans le goût d'Etienne Delaulne.

947. Portrait en émail de l'époque de Léonard Limousin.

948. Le Lavement des pieds, plaque en émail, grisaille signée par Martin Didier, de Limoges.

949. Poire à poudre en corne de cerf, sculptée dans le style de Jean Goujon.

M. POUSSIELGUE-RUSAND, à Paris.

950. Magnifique croix espagnole en argent massif. Fin de la Renaissance.

951. Croix espagnole, en argent massif, même époque.

952. Ostensoir, vermeil émaillé.

M. OSTER, lieutenant au 27e de ligne, à Evreux.

953. Fo-Yé divinité chinoise.

954. Pouza   *Id.*

955. Corne de rhinocéros (coupe).

956. Ivoire sculpté.

957. Morceau de jade brut.

958. Cinq globules de la hiérarchie des mandarins, 1re, 2e, 3e, 4e et 5e classe.

959 Bague, épingles à cheveux, boucles d'oreilles, étui pour préserver les ongles.

960. Pinceau et encre de Chine.

961. Collier de mandarin.
962. Cuiller en porcelaine.
963. Flacon. Tabatière en porcelaine.
964. Peigne en ivoire.
965. Boîte en laque rouge, dite laque de Pékin.
966. Flacon empoisonné.
967. Monnaies chinoises, argent et cuivre.
968. Rasoir chinois.
969. Briquet.
970. Pipe à fumer l'opium.
971. Couvert chinois.
972. Boîte de laque, Japon.
973. Décorations chinoises.
974. Soulier de dame chinoise.
975. Lunette chinoise.
976. Éventail chinois dans son porte-éventail.
977. Tresse d'homme.
978. Portrait.
979. Peinture sur papier de riz.
980. Poignard à poignée de jade.
981. Numéro d'un journal de Pékin.
982. Divinité en jade.
983. Flacon en jade.
984. Peinture sur soie, portrait de mandarin.
985.   *Id.*   *Id.*   mandarine.
986. Plastron d'un mandarin.
987.   *Id.*   civil.
988. Porte-monnaie chinois.
989. Glace de femme.
990. Peigne à moustache en bambou.
991. Épée de mandarin.
992. Sabre de cavalerie.

M. **HUE**, maire d'Hectomare.

993. Terrine à pâté en terre brune, modelée en forme perdrix.

994. Grand plat, faïence de Hollande, décor bleu, marqué A K.

995. Saladier de faïence de Rouen représentant saint Nicolas, avec l'inscription : Saint Nicolas, 1733.

996. Potiche, faïence de Rouen.

997. Encrier, faïence de Rouen, décor riche.

998. Plat en faïence de Hollande, décor bleu.

999-1000. Deux lions en faïence de Rouen.

1001. Flacon hexagone en cristal gravé.

1002. Plat chantourné, faïence de Rouen, décor polychrôme, fabrique de Guillibaud, marqué G. 3.

1003. Plat en faïence de Rouen.

1004. Assiette, faïence de Rouen, armoriée.

1005. Ancien chandelier en cuivre.

1006. Petit compotier, faïence de Rouen, polychrome.

1007.   *Id.*   *Id.*

1008. Plateau à fruits découpé à jours, faïence blanche.

1009 Paire de sabots, faïence de Rouen.

1010. Bouquetière, carré long, faïence de Strasbourg.

1011. Tableau représentant une bohémienne disant la bonne aventure.

1012. Devant de coffre sculpté.

1013. Autre coffre sculpté.

1014. Fronton d'armoire en bois sculpté.

M. RÉCAPPÉ, à Paris.

1015. Grand vase Faenza, avec l'inscription :
INCOSI BELLA VISTA
L'ORROR BELLEZA AQVISTA.

1016. Le pendant :
ENTRO QVESTA FORESTA
VAGA ELA FERA
ECHIARA E LA TEMPESTA.

1017-1018. Deux dauphins en faïence de Palissy.

1019. Très-grand vase de jardin, faïence, genre de Palissy.

1020. Deux grands chenets en fer forgé, avec porte - chandelle, travail de la fin du xve siècle.

1021. Armure italienne, xvie siècle, en fer gravé et doré.

1022. Salière en émail à pans coupés, xvie siècle, inscriptions.

1022 *bis*. Deux salières, faïence de Bernard Palissy.

Mme BIDAULT, à Evreux.

1023. Soupière en argent, époque de Louis XIV.

1024. Deux salières en argent, époque Louis XV.

1025. Quatre assiettes en faïence de Hollande.

1026. Assiette fabrique de Hollande.

1027. Assiette Hollande.

M. GUILLOT-RAFFY, à Conches.

1028. Grand plat en faïence de Rouen.

1029.   *Id.*   décor bleu rayonnant.

1030-1031. Deux grands plats de faïence de Rouen, décor bleu et rouge, médaillon à sujet chinois entouré d'un dessin guipure.

L'ÉGLISE DE SAINT-AUBIN-D'ÉCROSVILLE (dépôt confié à la fabrique par Mme D'AUBERMESNIL).

1032. Douze plaques rondes d'émail, en grisailles, dont onze représentant les scènes de la Passion et la douzième la Résurrection. Diamètre : 21 cent. La première porte la date de 1546. Style de Courtois.

M. COUPEY, agent voyer à Conches.

1033. S. BORROMEVS, petite plaque d'émail signée I. L. (J. Laudin).
1034. Batterie de fusil à rouet.

M. VIERRAY, à la Noë.

1035. Grand plat, porcelaine de Chine, armorié aux armes du duc de Penthièvre.
1036. Pendant du précédent.
1037. Compotier.
1038. Plat, faïence de Rouen, dessin chinois.
1039. *Id.* *Id.*
1040. Médaillon, peinture sur marbre.

M. BAILLY, à Évreux.

1041. Croix normande ancienne avec pierres.
1042. Éventail, ivoire, ancien, Louis XVI, peinture sur lame.
(Voir n°s 403, 404, 405, 406, 407 et 407 bis.)

M. BOUQUELON, juge, à Évreux.

1043. Grand plat creux, Japon.

1044-1045. Deux plats longs, porcelaine de Chine.

1046. Plateau à anses, en faïence de Rouen, belle
pièce, polychrôme.

1047. Assiette, porcelaine de Chine.

1048.   *Id.*

1049-1050-1051-1052. Quatre assiettes, porcelaine
du Japon.

M. BONNEAU, docteur-médecin, à Mantes.

1053. Casque en bronze, estimé gaulois. Pièce
intéressante.

1054 Épée du moyen âge.

1055. Mors de cheval ou filet.

1056. Fer de lance ou angon mérovingien.
(Ces objets ont été trouvés dans la Seine.)

1057. Petit sceau ogival, portant pour légende :
SVM PELICANVS DEI

M. DUBOURDONNÉE, à Évreux.

1058. Ancienne vue des jardins de Navarre et du
village d'Arnières, trumeau peint à l'huile.

1059. Ancienne vue du château de Navarre, près
Évreux ; pendant du précédent.

BIBLIOTHÈQUE D'ÉVREUX.

1060. Pontifical, manuscrit sur vélin du xvie siècle,
orné de miniatures aux armes de Le Ve-
neur, évêque d'Évreux, in-fol.

1061. Missel, manuscrit du xvᵉ siècle, orné de
vignettes et de miniatures aux armes de
Raoul du Fou, évêque d'Evreux, in-fol.

1062. Missel, manuscrit à vignettes et à miniatures,
du xviᵉ siècle, ayant appartenu à la cathédrale d'Evreux, in-fol.

1063. La Légende dorée, imprimée à Lyon en 1516,
par Jean de Jovelle, édition de Constantin
Fradin.

1064. Stilus Parlamenti. Lyon, Simon Vincent,
1513, in-4º gothique.

1065. Aurelii Alexandrini Severi imperatoris ro-
mani axiomata, Paris, 1535 (pour la reliure fleurdelysée et armoriée).

1066. Heures à l'usage d'Évreux, imprimées à Paris par Simon Vostre, en 1513, vignettes
sur bois.

1067. Pragmatica Sanctio, Lyon, Jean Crépin,
1530, gothique, in-8º.

1068. Johanni Brucherii Adagiorum Epitome ;
Paris, Simon de Colines, 1523, reliure
gaufrée gothique.

1069. Bréviaire de Paris. Veuve de Thielman
Kerver, 1557, reliure du xviᵉ siècle.

Mᵐᵉ **DURAND**, à Louviers.

1070. Christ en ivoire.

M. Gustave **BARBE**, à Evreux.

1071. Croix byzantine, premiers émaux.

1072. Petit livre d'Heures du xviᵉ siècle, orné de
miniatures et de vignettes.

1073. *Pater noster* gravé en caractères microscopiques sur une médaille d'argent, et ren-

fermé dans une boîte filigrane, aussi d'argent.

M. le comte DE TRÉBONS, à Bérengeville-la-Campagne.

1074. Grand Christ en ivoire. Hauteur 60 cent.

LA VILLE DE GISORS.

1075. Portrait du P. Bouvet, du couvent des Mathurins de Gisors, signé *Duchesne pinxit, 1779.*
1076. Portrait de Louis XIV, en tapisserie.

LA FABRIQUE DE L'ÉGLISE DE GISORS.

1077. Missel imprimé à Tours en 1508, gothique, dans sa reliure originale, avec devises et compartiments.
1078. Trois canons d'autel manuscrits avec miniatures dans leur cadre en bronze, xviiie siècle.

MUSÉE DE LA VILLE DE GISORS. *(Voir n° 269.)*

1079. Poignard-dague.
1080. Livre-matrologe de la confrérie des SS. Gervais et Protais.

M. MAQUELIN, à Gisors.

1081. Livre matrologe de la confrérie de Saint-Crespin de Gisors.

M. FRANCHET, à la Préfecture, à Evreux.

1082. Christ en ivoire. sans croix. Hauteur, 43 cent.

M. BILLON DUHAMEL, à Gisors.

1083   Vase en faïence hollandaise, décor chinois.

Mlle JOSÉPHINE, à Gisors.

1083 *bis*. Petite Vierge en faïence de Rouen.

M. Antoine PASSY, à Gisors.

1084. Grand cabinet époque de Louis XIII, en
       ébène sculpté et marqueterie.

M DES SAUDRAIS, à Vernenil.

1085. Vase vieux Sèvres tendre, camaïeu rose,
       monté.

1086. Écuelle et sa soucoupe, vieux Sèvres, à mé-
       daillons peints en couleur.

1087. Écuelle et sa soucoupe, vieux Sèvres, à
       fleurs peintes.

1088. Bénitier avec crucifix, époque Louis XIII,
       cristal de roche.

1089. Petit reliquaire ovale, avec deux émaux
       style de Petitot, l'un représentant la Visi-
       tation de Notre-Dame.

1090. Reliquaire en filigrane d'argent et pier-
       reries.

1091. Petite couronne de madone dorée à pier-
       reries.

1092. Bonbonnière en écaille, avec portrait de
       femme en miniature, xviiie siècle.

1093. Plaque d'émail de Limoges, de Laudin, re-
       présentant saint Benoît.

1094. Plaque d'émail de Limoges, représentant un
       Crucifiement.

1095. Bourse ornée de deux émaux de Laudin, représentant Zénobie et Monime.

1096. Montre d'argent ciselé de Baron, à Utrecht.

1097. Montre à double boîte en argent repoussé, ciselé, Edmonds, à Londres.

1098. Montre de l'époque de Henri III.

1099. Bonbonnière en émail, xviiie siècle.

1100. Plat en cuivre repoussé, représentant Adam et Ève.

M. de **MARTEL**, à Verneuil.

1101. Petite pendule du xvie siècle, en cuivre doré, ornée d'un blason, avec l'inscription : « PIERRE DE FOBIS, 1535. »

1102. Volute de crosse en cuivre doré, xiie siècle. Cette crosse fut découverte en 1798 dans le tombeau de Pierre le Vénérable, abbé de Cluny et ami d'Abailard.

1103. Châtelaine garnie en nacre.

1104. Montre octogone en cristal de roche.

1105. Tabatière en jade blanc, ornée de grenats.

1106. Monture de râpe à tabac, plaque d'émail.

1107. Salière hexagone en émail, avec blason et têtes d'empereurs romains.

1108. Émail forme de cœur, monté en argent, représentant saint Joseph et l'enfant Jésus, xviie siècle.

1109. Plaque en cuivre repoussé et doré, ornée de pierreries, représentant saint Martin.

1110. Tabatière en acier ciselé et doré.

1111. Petite tabatière en cuivre ciselé et doré.

1112. Étui à ciseaux en fer damasquiné en or.

M. **LABBÉ**, à Évreux.

1113. Une femme assise sur un éléphant, groupe vieux Saxe.

M. le baron **DE FORVAL**, de Grandchain.

1114. Grande pièce de faïence de Rouen, à trois compartiments, décor bleu très-fin, formant un double seau pour rafraîchir.

M. **D'IMBLEVAL**, à Évreux.

1115. Boîte en marqueterie.

M. **FORTIN**, médecin, à Évreux.

1116. Une serrure du XVe siècle, à dais gothiques.

M. **CANU**, imprimeur, à Évreux.

1117. Grand plat en faïence de Rouen.
1118. Beurrier avec couvercle, porcelaine de Saint-Cloud, décor bleu, marquée L. O.
1119 et 1120 Deux médaillons, peinture sur parchemin (l'Annonciation et la Visitation.)

M. **CHEDEVILLE**, rue de Richelieu, 89, à Paris.

1121. Jatte à bouillon en porcelaine de Sèvres, pâte dure, époque de la Convention.
1122. Soupière en faïence de Strasbourg, époque de Louis XV.
1123. Brûle-parfum en faïence de Savone.
1124. Vase en faïence fine de Marseille, de la manufacture de Savy.
1125. Porte-huilier en faïence de Marseille.

1126. Chocolatière en faïence de Strasbourg, décor de Paul Hanong, vers 1750.

1127. Plateau à pied en faïence fine de Gênes, vers 1750.

1128. Porte-huilier en faïence de Marseille.

1129. Plaque en faïence de Delft, émaillée, en camaïeu bleu, rare.

1130. Plat ovale côtelé, faïence de Delft, décor polychrôme, petit cartel marqué W. R., rare.

1131. Petite coupe en faïence de Rouen, sujet camaïeu : Saint Jean-Baptiste.

1132. Théière en faïence de Rouen.

1133. Deux vaches en faïence de Delft, décor polychrôme.

1134. Bouteille de chasse en faïence de Nevers, époque de Louis XV.

1135. Broc monté en étain, faïence de Nevers, décor chinois, XVII⁰ siècle.

1136 Flacon en faïence fine de Savone.

1137. Assiette en faïence de Rouen, polychrôme.

1138. Assiette en faïence de Rouen, époque de Louis XIV.

1139. Assiette en faïence allemande de Baireuth, style de Louis XV.

1140. Assiette en faïence de Niederviller, vers 1760.

1141. Plat en faïence de Marseille ou d'Aprey.

1142. Plat en faïence de Rouen, décor camaïeu bleu, style chinois.

1143. Plat ovale, chantourné, faïence de Strasbourg, décor de Hanong, marqué H 106.

1144. Plat à anse, faïence de Rouen.

1144 *bis.* Plat à barbe, faïence de Rouen ou de Nevers.

1145. Assiette en porcelaine d'Amstel (Hollande), décor Louis XV.

1146. Assiette en faïence de Marseille.

1147. Compotier festonné en porcelaine de Moustiers, décor polychrôme, style Louis XV.

1148. Assiette en faïence de Rouen.

1149. Plat ovale, faïence de Moustiers.

1150. Assiette de faïence de Delft.

1150 *bis*. Plat en faïence de Delft, décor polychrôme, attribué à Jean Brouwer, en 1625.

1151. Plateau en vieux Japon.

1152. Plateau en porcelaine fine de Nimphembourg (Bavière), paysage en grisaille, style Louis XVI.

1153. Assiette en faïence, origine incertaine, teinte gris perle.

1154. Sucrier et son plateau en pâte de Chantilly, époque Louis XV.

1155. Tasse et soucoupe en pâte tendre de Chantilly.

1156. Petit pot à crème, même porcelaine.

1157. Petite jatte pâte tendre de Saint-Cloud (1671).

1158. Tasse et soucoupe, *Id.* de Ménecy (1673).

1159. Tasse et soucoupe en Sèvres, pâte dure, de la République, figurine en grisaille d'une grande finesse.

1160. Buire en terre cuite attribuée à Bernard de Palissy.

1161. Tasse à côtes en porcelaine hollandaise, avec décor japonais.

1162. Tasse et soucoupe en porcelaine de Louisbourg royal (1730).

1163. Tasse et soucoupe en porcelaine de Berlin, décor au platine.

1164. Tasse en Saxe royal (1730).

1165. Soucoupe en Saxe (1730) : des Amours,
d'après Boucher.

1166. Petit mausolée en jaune antique, tombeau
de Scipion, travail du XVIIe siècle.

1167. Grand verre à pied, verrerie de Venise,
époque Louis XIII.

1168. Grand verre à pied, verre de Bohême très-
richement gravé, avec armoiries.

1169. Verre à vin du Rhin, verrerie de Venise,
pièce rare.

1170. Flacon côtelé en verre de Venise opale et
bleu.

1171. Six petites cuillers en argent bruni et repoussé, provenance hollandaise, XVIIIe siècle.

1172. Ciseaux à sucre, en argent bruni, de même
provenance.

1173. Deux couteaux en pâte tendre de Chantilly,
Louis XV.

1174. Deux fourchettes à manche, en terre émaillée, époque de Louis XIII.

1175. Soucoupe en porcelaine italienne richement
décorée, avec cette inscription au revers :
Castello del Granatello di Portici.

1176. Bouteille de chasse à deux goulots, en
faïence de Nevers.

1177. Confiturier en pâte tendre de Sèvres (1753),
bouquets détachés peints par Pierre aîné,
dorure de Théodore, fond bleu turquoise.

1178. Sucrier en Saxe royal (vers 1730).

1179. Moutardier en faïence de Niederviller.

1180. Moutardier en faïence de Rouen.

1181. Soucoupe en faïence de Niederviller, avec
filet doré, ce qui est rare à l'époque.

1182. Tasse et soucoupe en Saxe royal (vers 1730),
décor chinois, armoiries.

1183. Tasse et soucoupe en porcelaine de Sèvres
dure, provenant d'un service du roi
Louis XV.

1184. Tasse et soucoupe, porcelaine française :
Napoléon et Joséphine, pâte céramique
sous verre coulé.

1185. Canette en cristal montée en étain et gravée.

1186. Coupe en verre de Venise godronné.

1187. Compotier en faïence de Rouen.

1188. Plateau en faïence de Delft soutenu par
quatre cariatides, xviiᵉ siècle.

1189. Plateau à pied faïence de Rouen.

1190. Pièce de service en porcelaine de Strasbourg, décors de P. Hanong

1191. Jatte en faïence de Rouen, remarquable par
son timbre argentin.

1192. Cuiller à sucre en porcelaine de Saxe.

1193. Assiette en porcelaine de Hochst, près
Mayence, style Louis XV.

1194. Assiette en porcelaine fine de Amstel.

1195. Assiette de même fabrique hollandaise.

1196. Un bahut en bois de noyer, style Louis XIII ;
vantaux à sujets bibliques ; incrustations.

1197-1198-1199. Trois sujets en bronze : Racine,
Molière, Corneille, sur bases en marbre.

Mᵐᵉ Ange PETIT, à Evreux.

1200. Un éventail sur vélin.

M. DE SAINT-VICTOR, à Évreux.

1201. La Cruche cassée, miniature d'après le tableau de Greuze.

1202-1203. Ruines, style Panini, petites gouaches italiennes orbiculaires.

M. LEMARIÉ, à Évreux.

1204. Broc en grès flamand.

M. DUBOS, à Évreux.

1205. Le Marchand de coco, cartel époq. Louis XVI.

1206. Livre d'heures, impression gothique de Simon Vostre, imprimé sur peau de vélin.

1207. Christ en terre cuite, cadre sculpté.

1208. SCEL DE LA BARONNIE D'ESTRÉPAGNI, XVIIIe siècle.

1209. Écusson en bois aux armes d'Alègre.

1210. Arme à canons de fusil et de pistolet.

1211. Boucles d'oreilles *d'incroyable*, époque du Directoire.

1212. Deux monnaies d'or du moyen âge.

1213. Jeton d'argent de la Société d'Agriculture de l'Eure, premier type, à l'effigie de Napoléon.

1214. Jules César, pièce d'argent.

M. LOTTIN DE LAVAL, à Bernay.

1215. La Discorde au banquet des Dieux, tapisserie d'Arras, XVe siècle, provenant d'Alençon, avec la légende en caractères gothiques :

Discorde la semence Au monde nous laissa,
Quand la pome en présence Devant les Dieux donna.

1216. Samson au festin de Dalila, grande tapisserie des Gobelins, avec très-riche bordure,

provenant du château du Champ-de-Bataille, près du Neubourg.

1217. La Vierge et l'enfant Jésus, tableau sur bois,
attribué à Hemling, provenant de l'abbaye
du Bec.

1218. Saint François aux stigmates, peinture sur
cuivre attribuée a Moralès, même prov.

1219. Soupière en faïence de Rouen, décor riche,
polychrôme, style des ferronneries de
Bérain, pièce remarquable.

1220. Bougeoir en faïence de Rouen, décor bleu.

1221-1222-1223. Cornet, potiche et buire présentés
comme faïence indo-persane, décor laque
et or.

1224. Narghiléh en or, vase en cristal de couleur;
figurines représentant des dames per-
sanes, en émaux cloisonnés.

1225. Rapière de Henri de Lorraine, duc de Guise,
dit le Balafré, trouvée dans l'épaisseur des
murs du couvent des Cordeliers, à Bernay;
la lame porte un H, la double croix de
Lorraine et le monogramme de Garata
Zabala le Vieux, fameux armurier de To-
lède.

1226. Kama, lame noire damasquinée en or, dite
Kara-Horassan.

1227. Kama, lame noire avec poignée et gaîne
damasquinées en or.

1228. Kandjar de style arabo-persan, gaîne couverte
d'émaux cloisonnés, acquis d'un cheick de
Montefick (Arabie déserte).

1229. Kandjar recourbé de Tombouctou, à gaîne
gravée sur cuivre et argent.

1230. Seau à rafraichir, octogone, faïence de
Rouen, dessin bleu très-délicat.

1231. Coupe d'après Benvenuto Cellini, agrandie au quadruple, fondue en fer par M. Durenne, ciselée et oxydée par M. Lottin de Laval.

M. DE POSTEL DES MINIÈRES.

1232. Montre en croix, monture en ébène, et statuette d'ivoire.
1233. Les Décrétales de Grégoire IX, impression gothique.

M. NEVEU, conseiller de préfecture, à Évreux.

1234-1235. Deux assiettes porcelaine de Chine, de la famille verte.
1236. Compotier *Id.* *Id.*
1237. Étui, garniture en or.

MM. LAUMONNIER, frères, à Conches.

1238-1239-1240-1241. Hachettes celtiques, trouvées dans la forêt de Conches.

BIBLIOTHÈQUE DE CONCHES.

1242. Manuscrit du XIIIᵉ siècle contenant divers traités des SS. Pères.
1243. Dictionnaire latin-français, manuscrit du XIVᵉ siècle.
1244. Bréviaire, XIIIᵉ siècle.
1245. Autre manuscrit liturgique du XIIIᵉ siècle.
1246. Bois de chevreuil pétrifié, trouvé au château de Conches.
1247. Manche d'un poignard en ivoire.
1248. Sceau trouvé au château de Conches.

1249. Bague portant une inscription gothique.
1250. Moyen bronze d· Maximien.
1251. Sceau trouvé au château de Conches.

M. LEFORT, ancien avoué, à Évreux.

1252-1253. Deux plats en porcelaine de Chine, oiseaux, émaux bleus.
1254. Assiette de Chine, même style.
1255. Une assiette de Chine.
1256. Compotier en porcelaine de Chine, famille verte.

(Ces porcelaines proviennent du château de Navarre et des comtes d'Evreux.)

M. CHEREL, à Evreux.

1257. Plat faïence de Rouen.
1258. Potiche   *Id.*
1259-1260. Deux buires en faïence de Delft.
1261. Saucier faïence de Rouen, aux armes de Pierre de Langle, évêque de Boulogne, né à Évreux en 1644.
1262. Bouteille en faïence italienne d'Urbino.
1263.   *Id.*   *id.*   blason.
1264. Buffet à deux corps, de l'époque d'Henri II, avec bas-reliefs, acheté à Anet.
1265. Banc à dossier sculpté, à arabesques de la renaissance.
1266. Petite viole italienne.

Mme IZARN, à Évreux.

1267-1268. Deux potiches en vieux Japon.
1268 (*bis*). Plat genre Palissy.

1269-1270. Une paire de grands cornets bleu des Indes, décor or.

1271. Étagère de surtout en terre de pipe colorée, coquillages et rocaille, fabrique anglaise.

1272. Croix normande.

1273 Saint-Esprit en diamants d'Alençon.

1274. Collier normand.

Mme **BORDEAUX**, à Évreux.

1275. Sucrier avec son plateau et son couvercle, faïence d'Aprey, près Langres.

M. **DUMONT**, marchand de fer à Evreux.

1276. Une pendule Louis XV à sujet.

M. **GANY**, à Cany-Berville.

1277. L'Adoration des Mages, fragment de coffre.

M. l'abbé **DE BEAUVAIS**, curé de Saint-Thomas-d'Aquin,
à Paris.

1278. Croix.

1279. Crucifiement, fragment de diptyque en ivoire.

M. **THOIRET**, à la Poultière.

1280. Très-petit diptyque russe en cuivre.

M. **LACHÈVRE**, rue Ferrée, à Évreux.

1281. Intaille antique, monté dans une bague.

M. le marquis **DE BLOSSEVILLE**, à Amfreville-
la-Campagne.

1282. Médaillon en bronze aux effigies de Louis XII et d'Anne de Bretagne.

M. DE LINIÈRES, à Evreux.

1283-1284-1285-1286. Quatre compotiers en faïence de Marseille ou d'Alsace, peut-être de Sceaux ; décor remarquable.

1287. Personnage sculpté en corail, venant du palais d'été de Chine.

Mme L'HOPITAL, à Evreux.

1288-1289. Paire de petits flambeaux chinois.

1290. Pot à eau et cuvette en porcelaine de Chine.

1291. Un presse-papier chinois.

1292. Un sucrier long en verre de Bohême.

1293-1294. Paire de confituriers   *Id.*

1295. Une tête en ivoire.

1296-1297-1298-1299. Statuettes d'ivoire, représentant les Quatre Saisons.

1300. Petit étui à flacons, en vernis Martin.

1301. Une bonbonnière en agate, montée en or.

1302. Une petite bonbonnière.

1303. Une bonbonnière en écaille avec fixé, sujet flamand.

1304-1305-1306. Trois petits vases porcelaine de Saxe.

1307-1308. Paire de très-petits vases camaïeu rose de Saxe.

1309. Tasse en porcelaine de Saxe, fond violet, montée de bronze doré.

1310-1311. Deux figurines de Saxe.

1312-1313. Deux groupes biscuits de Sèvres, montés.

1314-1315. Deux buires de porcelaine du Japon, montées.

1316. Brûle-parfum, Saxe, monture rocaille.

1317. Grande carafe en verre de Bohême.

1318. Carafon de verrerie de Bohême.

1319. Verre   *Id.*

1320. Boîte de voyage garnie de flacons et d'un tête-à-tête en porcelaine de Sèvres.

1321. Soupière Chine, montée.

1322. Grand plat en porcelaine de Chine.

1323. Aiguière faïence de Nevers, anses cordées.

1324. Grande bouteille en porcelaine du Japon, décor bleu.

1325. Potiche en faïence de Nevers.

1326. Fontaine en faïence de Nevers.

1327. Coffret avec garniture en argent.

1328-1329. Deux très-petits groupes porcelaine de Saxe, montés en bronze doré.

Mme Henri L'HOPITAL.

1330. Un saladier en porcelaine de vieux Sèvres.

M. Gustave GRANDIN, à Elbeuf.

1331. Boucle et plaque de ceinture franque, trouvées en 1845 aux environs de Cormeilles, sur la voie romaine de Lillebonne à Lisieux.

1332. Sceau de l'église de Saint-Léger-la-Champaigne (Eure).

1333. Bijoux et médailles antiques trouvés à Pont-Saint-Pierre (Eure .

1334. Armilles ou bracelets antiques trouvés en

1859 au Bohu, commune de Saint-Didier-
des-Bois (Eure).

1335. Statuette antique en bronze représentant une
esclave tissant une natte, trouvée en 1842
à Caudebec-lès-Elbeuf.

1336. Mortier roman et son pilon.

1337-1338. Deux mortiers moyen âge et leur
pilon.

1339-1340-1341-1342. Quatre mortiers XVIᵉ et XVIIᵉ
siècles, l'un daté de 1647.

1343-1344. Deux mortiers du XVIIIᵉ siècle, fleurde-
lisés, l'un fondu par JACQVES HVRFR.

1345. Dessus de couvercle de vase en bronze provenant de Caudebec-lès-Elbeuf.

M. LE DOULX DE BACQUEPUIS, à Évreux.

1346. Christ en ivoire. Hauteur 57 cent.

1347 Vierge en ivoire.

1348. Vase antique en marbre blanc.

1349. Lance époque de Louis XIII.

1350. Vesta, statuette antique en bronze.

1351. Morion damasquiné trouvé dans les fossés
du château d'Anet.

1352. Buste de Voltaire, par Houdon (1786).

1353. Portait du pape Clément XIV, en tapisserie.

1354. Christ en croix, toile attribuée à Philippe de
Champaigne.

1355. Portrait de la comtesse Monna-Lisa, très-
ancienne reproduction du tableau connu
sous le nom de la Joconde, par Léonard
de Vinci.

1356. Judith, de Lebrun (ou plutôt du Guerchin).

1357. Jésus-Christ aux jardin des Oliviers, peinture

sur une grande agate, cadre en ébène avec
compartim. en lapis et en agate de Sicile.

1358. Épée du temps de François Ier.

1359. Petite épée de page signée Thomas Agola.

1360. La duchesse de Nevers, portrait par Netz-
cher, tenant d'une main le portrait en
miniature de sa sœur. On lit au coin :

DIANE . DE . TIANGE
DVCHESSE . DE
NEVERS . 1672.

1361. Réception de Christine de Suède par la ville
de Paris, en 1659 ; gravure du temps
coloriée.

Mme **JULES PLET**, à Evreux.

1362-1363. Deux vases en vieux Japon monté,
riche décor.

1364. Vase de jardin faïence de Rouen, décor bleu.

1365. Petite fontaine en faïence de Rouen, polychrôme, avec sa cuvette.

1366-1367. Deux statuettes en marbre blanc, par
Coustou.

M. l'abbé **JOUEN**, à Evreux.

(Voir les n°s 588 et 1505.)

1368. Plat en cuivre repoussé avec légende allemande.

1369. Potiche en faïence de Hollande, imitation
de Japon décoré.

1370. Deux cache-pots en porcelaine du Japon.

1271-1372. Deux cruches en grès de Flandre.

1373. Sucrier de porcelaine des Indes.

1374. Deux tasses et leurs soucoupes en porcelaine
de Chine à figures.

1375. Tasse en faïence de Strasbourg avec relief.

1376. Grand bol en porcelaine du Japon, décor bleu.

1377. Deux assiettes en porcelaine de Chine.

1378. Gobelet en porcelaine de Chine.

1379. Deux vases en faïence de Nevers.

1380. Un autre vase de même fabrique.

1381. Un pigeon, probablement de même origine.

1382. Grosse soupière en faïence de Strasbourg.

1383. Petit sucrier en faïence de Marseille, de la fabrique de la veuve Perrin, marque V. P.

1384. Deux porte-bouquets en terre de pipe colorée, fabrique anglaise.

1385. Deux petites bannettes en faïence anglaise jaspée.

1386. La Charité, statuette en bois de poirier.

1387. Très-beau bahut gothique, avec sa serrure.

1388. Crédence de la fin du xve siècle.

1389. Crosse en ivoire, du xiie siècle.

1390. Mitre en soie verte brodée pour Jean de Marigny, évêque de Beauvais, mort archevêque de Rouen.

1391. Bâton pastoral, remarquable par sa sculpture, ayant appartenu au même Jean de Marigny.

1392. Aube en guipure.

1393. Calice avec ses burettes et leur plateau en argent doré et émaillé.

1394. Bible manuscrite en caractères microscopiques, du xiiie siècle.

1395. Petit garde-vue de lumière, monté en cuivre argenté, dans son étui en chagrin gris.

M. CHESNON, à Évreux.

1396. Une Chimère en porcelaine de Chine.
1397. Jardinier Lenôtre, en terre cuite.

Mlle CHESNON, à Évreux.

1398. Livre d'heures du XVIe siècle avec enlumi-
      nures et vignettes, dans sa reliure en bois,
      in-4°.
1399. Œuvres de Alain Chartier, né à Bayeux,
      imprimées à Paris en 1523, par Philippe
      Lenoir, in-4°.

M. FOURRÉ, à Huest.

1400. Soupière en faïence de Rouen.
1401. Petit broc   *Id.*

M. le duc DE CLERMONT-TONNERRE.

(Voyez les n°s 843-868.)

1402. Pot à l'eau et sa cuvette, vieux Sèvres dé-
      coré d'un semis de roses.
1403-1404. Deux tasses et leurs soucoupes, gros
      bleu, médaillon fond blanc, Sèvres,
      pâte tendre.
1405. Sucrier gros bleu avec son couvercle, vieux
      Sèvres, pâte tendre.
1406-1407. Paire de tasses, personnage et semis
      de fleurs, Saxe.
1408-1409. Deux vases plus petits, fond vert, céla-
      don, en porcelaine de Saxe.
1410-1411. Deux tasses et leurs soucoupes, marine,
      porcelaine de Saxe.

1412-1413. Une tasse et une soucoupe avec marine, Saxe.

1414. Une soucoupe, Saxe, à dessin chinois.

1415. Un sucrier, Saxe, semé de roses et son couvercle.

1416. Une tasse, Saxe, décor à bouquets, avec sa soucoupe.

1417. Petit pot à fleurs à côtes, de Saxe.

1418-1419. Deux très-petits vases de Saxe, à volutes chicorée.

1420. Une grande théière avec couvercle et soucoupe, avec personnages, fond d'or, Saxe.

1421. Une cafetière avec son couvercle, décorée d'une marine, Saxe.

1422. Une tasse et sa soucoupe, deux coupes adhérentes (Chine), personnages, Saxe.

1423. Joueur de flûte.

1424. Joueur de cornemuse.

1425. Comédien.

1426. Groupe de personnages au pied d'un arbre.

1427. Groupe de deux enfants jouant avec des poissons.

1428. Quatre petits enfants.

1429-1430. Deux enfants nus, statuettes en marbre blanc, par Pigale.

1431. Pendule chinoise.

1432. Pavés de carrelage en terre cuite à armoiries et à devises, xvie siècle, provenant du château d'Ancy-le-Franc (Yonne), inscriptions :

· C'EST · MON   PLAISIR ·

· VIVE · LE · ROI ·

M. D'ORVILLIERS, à Évreux.

1433. Deux vases en vieux Sèvres, pâte tendre.

1434. Deux compotiers et deux assiettes de même porcelaine.

M. LEMIRE, à Évreux.

1435. Pendule astronomique par Leroy, le mouvement à jour.

Mme LEBOUIS, à Émanville.

1436. Hachette gauloise en serpentine, pesant 140 grammes.

1437. Notre Seigneur au jardin des Oliviers, cuivre repoussé.

1438. La Vierge et l'enfant Jésus, statuette en marbre blanc de l'époque de la renaissance, sculpture remarquable datée de 1529, attribuée à Michel-Ange ; hauteur 50 cent.

M. BOULLENGER, ancien officier supérieur, à Évreux.

1439. Fusil arabe, incrustation en argent.

1440. Deux yatagans turcs, fourreaux en argent.

1441. Quatre poignards, albanais, corse, recourbé et de fantaisie.

1442. Deux écharpes grecques en soie rouge.

1443. Cordon arabe.

1444. Portefeuille algérien brodé en or.

1445. Sac à tabac algérien en soie rouge brochée.

1446. Deux œufs d'autruche avec clous et portants en bois tourné.

1447. Pendule signée : BARANCOURT, A PARIS, style
fin Louis XV, indiquée comme ayant appartenu à Mme de Pompadour.

1448. Boîte en bois (loupe d'orme) montée en or,
scène pastorale.

1449. Tabatière en pavé de Vienne avec mosaïque,
pierre fine de Florence.

1450. Tabatière en écaille doublée d'or : tête
d'enfant, imitation de camée.

1451. Tabatière en or guilloché, pierre à trois
couches.

1452. Tabatière en or ciselé, sardoine antique.
gravée, trouvée dans les ruines d'Athènes ;
deux pierres gravées dites Nicolo, à trois
couches.

M. PÉRIGNON, au château de Brécourt.

1453. Saint Jean enfant distribuant des vêtements
aux pauvres, peinture à l'huile par
Murillo.

Mme la baronne DE DAMPIERRE, au château de Primare.

1454-1455. Deux coupes en vernis Martin.

1456-1457. Deux éventails Pompadour.

1458. Bague garnie de cailloux du Rhin, époque
de Louis XIV.

Mme la comtesse DES MAZIS, au château de Primare
(Eure-et-Loir).

1459. Livres d'heures, manuscrit du XVIe siècle
avec lettres dorées et vignettes, ayant
appartenu à divers seigneurs de Béren-
geville-la-Rivière et de Garel, près
Evreux, et à la famille de Littolfy-Maroni,
seigneurs de Gauville-lès-Evreux.

M. le docteur **BIGOT**, à Evreux.

1460. IVSTINI HISTORICI CLARISSIMI IN TROGI POMPEII HISTORIAS. Manuscrit in-fol. sur vélin avec vignettes et aux armes du cardinal d'Amboise, archevêque de Rouen.

M. **LEFRANÇOIS-LACOUTURE**, docteur-médecin à Nonant (Orne.)

1461. Objets gallo-romains ou mérovingiens trouvés dans un tombeau en pierre, rue de la Martinière, à Nonant.

M. MOREL.

1462. Statuette eu pierre représentant S. Sébastien.

M. CANEL, à Pont-Audemer.

1463. Sceau des Carmes de Pont-Audemer : S. CONVENTVS · FRM · DE · CARMEL · PONTAVD · IADO.

M. AVRIL DE BUREY, à Evreux.

1464. La reine Marie-Antoinette, buste en marbre blanc.

1465-1466. Deux pistolets arabes.

1467. Fusil espagnol.

M. BUROTTE, à Évreux.

1468. Vieux bronze Birman, fondu avant l'ère chrétienne, Ghandama, représentation de Bouddah.

1469. Autre bronze indien plus petit de Bouddah, de même époque.

1470. Casse-tête indien.

1471. Casse-tête indien.

1472. Hachette indienne.

1473-1474. Deux poignards indiens, lames damasquinées.

1475. Poignard turc.

1476. Poignard indien.

1477. Couteau de chasse.

1478. Cric indien.

1479. Sabre turc.

1480. Une coupe porcelaine de Chine.

1481. Guéridon porcelaine de Chine, monté en ébène.

1482-1483. Deux grands vases de Chine, porcelaine moderne.

1484-1485. Deux autres grands vases en porcelaine de Chine, céladon, inscriptions en relief.

M. le comte **D'ÉPRÉMESNIL**, au château de Fontaine-la-Soret.

1486. Trois tapisseries de Beauvais, représentant :
1º Suzanne surprise au bain, inscription :

CASTITAS · SVSANAE

PLENITVDO · SAPIENTIAE

EST · TIMERE   DEVM

Hauteur, 3 mètres 30 centimètres, largeur, 2 mètres.

1487. 2º Judith vient de couper la tête d'Holopherne, même grandeur, inscription :

FORTITVDO · IVDITH......

1488. 3⁰ La reine de Saba apportant des présents
à Salomon ; hauteur 3 mètres 30 cent.,
largeur 5 mètres 25 cent.

SAPIENTIA · SABA
. . . .
REGINA · SABA · CVM · AVDIVISSET · VENIT ·
VT · SALOMONIS · FAMAM · TENTARET · EVM ·
IN · AENIGMATIBVS · CVM · MAGNIS · OPIBVS
ii para. IX.

M. Charles **VASSEUR**, à Lisieux.

1489. La Grande Chronique de Nuremberg, grand
in-folio, gothique, 1496, vignettes en taille
de bois.

M. **A. PANNIER**, à Lisieux.

1490. Grand sceau de Léonor de Matignon, évêque
de Lisieux.

1491. Sceau normand orbiculaire, représentant un
cavalier à cheval.

1492. Cachet aux armes de l'abbaye de Jumiéges.

1493. Sceau de la commune d'Hermival, époque
révolutionnaire.

1494. Vase romain, trouvé dans une sépulture à
Lisieux.

M. **COUTURIER**, à Lisieux.

1495. Médaille frappée à l'occasion du retour du
roi Louis XVI à Paris. Argent.

1496. Médaille frappée lors de la nomination de
Bailly comme maire de Paris. Grand
bronze.

1497. Médaille rappelant le combat du 10 août.

1498 Médaille de la constitution de 1793. Grand
bronze.

M. **A. ASSEGOND**, à Bernay.

1499. Assiette en faïence de Rouen, décor bleu aux armes de Claude-Suzanne-Thérèse de Durfort, des ducs de Lorges et de Duras, abbesse de Saint-Amand de Rouen, élue le 17 juin 1721.

1500. Assiette en faïence de Rouen, aux armes parlantes de André Pottier, faïencier privilégié du roi en 1757, aïeul de M. le conservateur actuel des musées et de la bibliothèque et fondateur du musée céramique de Rouen.

1501. Un damier en même faïence, à décor polychrôme, de style rocaille, daté de septembre 1765, et signé R. D. (Hauteur : 37 cent. sur 51.)

1502. Un plat ovale, faïence populaire de Nevers, à bords chantournés, guirlandes polychrômes, tableau central représentant S. Pierre tenant les clefs, un coq à côté, église et paysage au fond, au bas est écrit :

> *Pierre, M'aimez Vous, oui, Seigneur,*
>
> *Vous, Sçavez que je vous, Aime,*
>
> *pierre, joseph, Agron, 1781.*

1502 *bis*. Plat à mascarons de Bernard de Palissy.

M. **LEPÈRE**, maire, à Gisors.

1503. Une armoire en ébène, incrustée de cuivre, genre de Boule, avec 122 pièces de porcelaine de Chine et du Japon, dont plusieurs aux armes de France.

M. le comte DE SALVANDY, à Paris.

1504. Mercure, statuette antique en bronze, pièce
notable.

M. l'abbé JOUEN, a Évreux.

1505. Sceau des obligations du prieuré de Notre-
Dame-du-Pré.

1506. Ancien sceau du chapitre d'Évreux.

1507. Sceau des sœurs du tiers ordre des Récollets
de Rouen.

1508. Sceau des frères du tiers ordre des Récollets
de Rouen.

1509. Cachet en acier, anépigraphe.

1510. Glace de Venise avec cadre en cuivre repoussé. *(Voir les n°s 588, 677, 1368 et 1647.)*

M. DUBOURDONNÉE, à Évreux.

1511. Statuette, en biscuit, de Jean Bart.

Mme HÉRISSEY, à Évreux.

1512-1513-1514. Trois tasses vieux Sèvres avec
soucoupes.

1515. Un sucrier en porcelaine de Sèvres, pâte
tendre.

1516-1517. Deux coquetiers en porcelaine de Sèvres.

1518. Petit confiturier en Sèvres.

1519. Boîte à mouches en écaille, décor en piqué
d'or.

1520. Étui à ciseaux en fer repercé et gravé.

1521. Autre étui à ciseaux en filigrane d'argent.

1522. Deux étuis d'argent ciselé.

M. LEBERT, oncle, au Neubourg.

1523. La Toison d'or, représentée au château du
Neubourg. Rouen, 1661, in-12.

1524. Ordonnance et instruction pour les chan-
geurs de monnaies; nombreuses gravures
sur bois, in-8° format d'agenda.

M. DE ROUZÉ, à Vernon.

1525. Tabatière, or et écaille, portrait de S. A.S. le
duc de Penthièvre, donné par le duc à
Louis-Guillaume le Lorier.

1526. Montre à trois boîtiers : 1er or et écaille,
2e or et diamants, 3e or avec chaîne ciselée
or et diamants ; donnée par S. A. El-Hardj
Pacha, bey de Tunis, le 6 novembre 1845,
à M. de R.

1527 Porte-tasse à café dit zerf, commandée à
Venise par le dey Si el Haoussen Pacha
d'Alger; filigrane en or.

1528. Miroir avec cadre d'argent découpé et
ciselé, beau travail arabe en argent repoussé.

1529. Sucrier en argent repoussé, beau travail
arabe.

1530. Cafetière en argent, même travail.

1531. Coupe à rafraîchir, même nature.

1532. Série de 33 monnaies arabes en or et
argent.

1533. 21 médailles en or et argent du Haut et du
Bas-Empire.

1534. Boîte argent repoussé, beau travail arabe.

1535. Yatagan, lame de Damas, avec fourreau en
argent repoussé.

1536. Yatagan, lame de Damas dans un fourreau
en or.

1537. Yatagan à manche d'ivoire marin, lame de
Damas.

M. L.-M. **HÉBERT**, à Évreux.

1538. Tableau à l'huile de l'ancienne école allemande : le Mariage d'argent.

M. **CASSEN**, à Evreux.

1539. Grand plateau rond en cuivre argenté,
époque de Louis XIV ; au centre sont
gravés deux blasons accolés.

Monseigneur **DEVOUCOUX**, évêque d'Evreux.

1540. Custode émaillée à couvercle conique,
XIIIe siècle.

1541. Christ émaillé du XIIIe siècle.

1542. Sceau du chambrier de Cluny.

1543. Petit livre d'heures manuscrit à vignettes
sur vélin, XVIe siècle.

1544. Autre livre d'heures manuscrit sur vélin,
à miniatures et vignettes, in-4o, XVe siècle.

1545. Très-beau manuscrit in-4o plein de miniatures sur vélin du XIIIe siècle, dans une
splendide reliure du XVIe siècle.

M. **ANCELLE**, à Évreux.

1546. Un plat à mascarons, école de Bernard
Palissy.

Mme **CHAPELAIN**, à Évreux.

1547. Diptyque en ivoire du XIVe siècle. Sur le premier feuillet, la Crucifixion ; au pied, un

ecclésiastique agenouillé tenant un bâton
de chantre ; sur le deuxième feuillet,
saint Denis, saint Rustique et saint Eleu-
thère , et au bas un martyr écartelé par
des chevaux.

M. CHARTIER, à Evreux.

1548-1549. Deux groupes en biscuit.

Mme **ROUGERON,** rue Saint-Léger, Évreux.

1550. Pot-pourri ou potiche à parfums.

Mme **MÉRY**, à Évreux.

1551. Groupe en ivoire représentant le Crucifiement, avec personnages et les instru-
ments de la Passion, XVIIIe siècle.
1552-1553. Deux paysages repoussés et coloriés
sur argent.
1554. Sucrier en porcelaine de Chine.
1555. Plombière ou seau à glacer, porcelaine de
Saxe.
1556. Vase de verroterie de Venise.
1557. Quatre figurines en porcelaine de Saxe.
1558. Deux tasses de Saxe.
1559. Une tasse de vieux Sèvres, pâte tendre.
1560-1561. Deux saucières, porcelaine de Chine.
1562. Sucrier et son plateau, porcelaine de Sèvres,
pâte dure.
1563. Petit pot au lait, porcelaine de Chine.
1564. Deux assiettes de Chine.
1565. Deux confituriers et leur dessous, porcelaine
de Chine.

1566. Cinq plats de Chine.
1567. Ecrin de bijoux anciens.

M. VIERRAY, à la Noë.

1568. Uu cache-pot à fleurs en porcelaine, vieux Sèvres.
1569. Une soupière et son plateau en faïence de Strasbourg.
1570. Une bannette et son plateau en faïence de Strasbourg.

M. Albert **BOUQUELON**, à Évreux.

1571. Petite pendule Louis XVI.
1572. Boîte à mouches en émail.
1573. Médaille en vermeil du traité de Westphalie en 1649.
1574. Coffret avec incrustations de nacre.
1575. Montre en or ciselé à double boîtier.
1576. Epingle-broche avec miniature en grisaille.
1577. Plateau en cristal gravé.

M. CROQUEVIELLE, fabricant de dentelles à Bayeux.

1578. Dessin arrangeant la tapisserie de Bayeux, pour être exécutée en dentelle noire, et portion de dentelle exécutée.

M. **OSTER**, lieutenant au 27ᵉ de ligne.

1579-1580-1581. Trois tentures chinoises décorées de peintures, trouvées au palais d'Été.

M. l'abbé **PRÉAUX**, curé de Saint-Taurin d'Evreux.

1582. Missel de Claude de Sainctes, à l'usage d'Evreux, imprimé à Rouen par Mallard et Hamillon, en 1583. In-fol. gothique. Très-rare.

1583. Livre d'henres, imprimé sur vélin par Germain Hardouin, Paris. Miniatures et vignettes, dans une reliure du temps, à compartiments, avec le nom MARIE DE BOVTIGNY.

1584. Encensoir du xviie siècle.

1585. Petit chandelier en bronze, moyen âge, trouvé à Évreux, dans une muraille de la ville.

1586. Serrure gothique, avec figure d'un abbé mitré, cache-entrée aux armes de France.

1587. Autre serrure gothique.

1588. Grande entrée de serrure, en fer découpé et ciselé, style de Bérain, xviie siècle.

1589. Coffre-fort du xviie siècle, bardé de bandes de fer croisées, et décoré de paysages et de fleurs peintes à l'huile.

M. le comte **DE REISET**, au château du Breuil-Benoist.

1590. Grand poële en faïence de Nuremberg.

1591. Aiguière avec son plateau de François Briot.

1592. Psautier manuscrit sur vélin, grand in-folio de 234 feuillets, dans sa reliure en bois couverte de basane gaufrée, fermoirs. — Ce superbe spécimen de la calligraphie allemande, de la fin du xvie siècle, est décoré de lettres capitales et d'un grand nombre de miniatures marginales. — Des vers latins, au verso du feuillet 230, donnent le nom des auteurs qui l'ont exécuté à Salzbourg en 1584. — David Aichler fit l'écriture et Jean Werle ajouta les diverses figures. Panthaléon Straub en fit la reliure,

Vt fieret plenum laudis et artis opus.

1593. Autographe de S. Vincent de Paul.

1594. Autographe de S. Ignace.

1595. Charte relative à l'abbaye du Breuil-Benoist, portant les signatures du cardinal de Bourbon et du cardinal de Lorraine.

1596. Autographe de S. François de Sales.

M. **MAILLARD-PILET** à Évreux.

1597. Petit modèle de la tour de l'Horloge d'Évreux, en ivoire, travail moderne.

1598. Ouvrage en ivoire représentant une locomotive anglaise.

M. **HÉNAULT**, à Evreux.

1599. Plat de faïence, décor de Saxe, fabrique de Marieberg, près de Stockholm, aux armes du baron de Breteuil, ambassadeur de France en Suède.

Mme **DEJEAN**, à Evreux.

1600-1601. Deux portraits de Mlles de Brezé. Panneaux sur bois provenant du château d'Anet, 1633.

M. Paul **MÉRY**, à Évreux.

1602. Vieux fusil arabe.

1603. Couteau de chasse.

M. Ferdinand **GOLDSCHMIDT**, au château du Plus-que-Tout, près Évreux.

1604 Plateau d'argent ciselé, ayant fait partie de l'argenterie des princes-évêques de Wurtzbourg, XVIIe siècle.

M. Émile **GUILLARD**, à Louviers.

1605. Huit bijoux antiques trouvés à la Haye-Malherbe, près Louviers, en 1848, savoir :

1º Anneau sigillaire en or, garni d'une intaille *Nicolo*, représentant Rome assise portant la Victoire.

2º Un camée sardonyx à deux couches représentant une tête d'Éphèbe.

3º Un anneau d'or monté circulairement de six grenats, entre lesquels on lit en lettres découpées à jour les mots :

FRVERE · ME

4º et 5º Deux pendants d'oreilles, or et émeraudes.

6º et 7º Deux monnaies d'or : Domitien et Lucius Verus.

8º Huit grains d'un collier en or.

1606. Miroir Louis XIII, avec cadre et volets en maroquin doré aux petits fers.

1607. Petit cartel Louis XV ; incrustations.

1608. Plaque d'émail représentant saint Dominique.

1609. Carton contenant 20 monnaies gauloises, romaines et carlovingienne, la plupart trouvées sur le territoire de Louviers.

1610. Petite corbeille où se trouvent un camée et trois bagues, dont l'une avec le monogramme : IHS.

1611. Une autre corbeille où se trouvent une petite chèvre en bronze antique, une clef forée romaine et un sceau royal de l'époque d'Henri II.

1612. Paix du xvie siècle.

1612 *bis*. Reliure en maroquin rouge aux armes du cardinal Nicolas de Saulx-Tavannes, archevêque de Rouen.

M. **DE LA VERRONNERIE**, à Breteuil.

1613. Une agrafe en argent.

M. Théophile **MOUTIER**, au Thuit, près les Andelys.

1614. Bacchus, statuette antique en bronze, avec incrustations d'argent.

M. **ECHENIQUE**, officier de l'armée mexicaine, à Évreux.

1615. Un vase italien, en marbre taillé.

M. Pierre **MORIN**, à Louviers

1616. Heures manuscrites sur vélin, du xve siècle, avec cinq miniatures.

M. **LALUN**, à Louviers.

1617-1618-1619-1620. Quatre plaques d'émail représentant les quatre Évangélistes, par Jehan Laudin, émailleur de Limoges.

1621. S. André, plaque d'émail.

1622. Christ de Limoges, xiiie siècle.

1623. Poignard avec sa gaîne trouvé en 1850 à Longuerue, canton de Buchy (Seine-Inférieure).

1624. Calotte en fer faisant partie d'une armure provenant du château de Mainneville, canton de Gisors.

M. Louis **FLOCON**, aux Andelys.

1625 Un autographe d'Abd-el-Kader.

M LEMENU, pharmacien, aux Andelys.

1626   Une offrande à S. Herbland, grande miniature sur vélin encadrée, époque de
Louis XIII. On lit au bas :

La plus grande vertu que sur vous on regarde
C'est du lien de l'Église estre conservateurs.
Le loyer qu'en aurez comme bons conducteurs
C'est la gloire de Dieu que S. Erblanc vous garde.

MM. MARETTE et **DUHAMEL**, peintres verriers, à Evreux.

1627. L'arbre de Jessé, grande verrière datée de
1480, aux armes de Jehan Fourmage et
d'Alexise de Liée, sa femme, appartenant
à l'église de Notre-Dame-de-la-Couture
de Bernay, restaurée par MM. Marette et
Duhamel.

1627 *bis*. Deux médaillons blasonnés provenant de
l'église de Boissy-Lamberville (Eure),
xvie siècle.

1627 *ter*. Saint Christophe, médaillon en grisaille
du xvie siècle, provenant d'une église de
Rouen.

1628. Booz et Ruth, tapisserie.

L'HOSPICE DE LOUVIERS.

1629   Dos de chape représentant la Pentecôte
ou la Descente du Saint-Esprit sur les
Apôtres, broderie du xviie siècle.

1630. Chasuble, étole, manipule et voile de l'époque de Louis XIII, à personnages.

M. BRUNET, ancien pharmacien, à Evreux.

1631. Série de vingt médailles romaines, grand
bronze.

M. Arthur **THIROUIN**, à Evreux.

1632-1633. Deux paysages, gouaches du siècle dernier ; l'une signée L.-T. F.

1634-1635. Deux petits paysages, fixé.

1636. Autre fixé, rond.

1637-1638. Deux divinités indiennes en bronze.

M. **LEGRAND**, à Évreux.

1639-1640. Deux statuettes chinoises en pierre stéatite.

1641. Tabatière avec camée représentant Pie VII.

M. **MORISE**, à Gravigny,

1642. Un buffet de l'époque d'Henri II, venant d'Anet.

M. Auguste **SIQUOT**, à Évreux.

1643. La Vierge et l'enfant Jésus, intaille sur améthyste, montée sur une épingle, glyptique du xvᵉ siècle.

1643 *bis*. Etui en os découpé et ciselé, xviiiᵉ siècle, au haut duquel s'enroule à l'intérieur une aune, en ruban, ancienne mesure.

1644. Deux vases en porcelaine de Chine.

1644 *bis*. Plat creux de Chine.

1645 *ter*. Dentelle en point d'Alençon.

M. **LAMBERT**, à Bernay.

1645. Buste de Mercure en argent, fragment antique provenant des ruines de Berthouville.

M. GOBELIN, à Valleville, près de Brionne.

1646. Pièce d'or de Néron, trouvée à Valleville,
dans une prairie.

M. l'abbé **JOUEN**, à Évreux.

1647. Christ en ivoire.

M. PORTEVIN, au château de la Madeleine d'Évreux.

1648-1649-1650. Trois aquarelles, par M. Portevin fils.

1651. Grande boîte à jeu en laque de Chine moderne.

M. Aglaüs **BOUVENNE**, 5, rue de l'Abbaye, à Paris.

1652. Diurnale ebroïcense, **1740**, in-12, aux armes
de Pierre de Rochechouart, évêque d'É-
vreux.

1653. Trois reliures anciennes à petits fers, xviie
et xviiie siècles.

1654. Cinq reliures diverses, aux armes de France,
à compartiments, ou fleurdelysées.

1655. Petit volume, reliure en broderie, dans un
étui.

1656. Quatre reliures aux armes du maréchal de
Lorges, de Letellier, d'Antoine Drouot et
d'un chevalier de Saint-Michel.

1657. Reliure du xvie siècle, à compartiments,
genre Grolier, sur un vol. in-18.

1658. Deux reliures à ornements chicorée ou
rocaille du xviiie siècle.

1659. Grand pavé de carrelage en terre vernissée.

1660. Deux grandes miniatures sur vélin, provenant d'antiphonaires gothiques.

M. Isidor **CHAUVIN**, à Saint-Nicolas, près Breteuil.

1661. Coffre en bois sculpté du XVIᵉ siècle.

1662. Portrait. Au revers : *Descours fecit*, 1731.

M. **DE LESTANVILLE**, à Évreux.

1663. Grand coffre sculpté du XVIᵉ siècle.

Mᵐᵉ Alexandre **THIROUIN**, à Évreux.

1664. Tabatière, sujet de genre flamand, fixé.

1665. Jardinière en faïence de Strasbourg ou de Marseille.

M. Jacques **AMAURY**, à Breteuil

1666. Bas-relief gothique représentant la Trinité.

M. **LOGRE,** à Évreux.

1667. S. Jacques, statuette gothique, en bois.

M. **BEAUNIER**, à Conches.

1668. Florin d'or de Humbert, dauphin de Viennois, trouvé auprès du château de Conches.

M. le vicomte **DE PETITEVILLE**, au château de Gournay-le-Guérin.

1669. Grand bureau en marqueterie de bois satiné, décoré de bronzes dorés, époque de Louis XV.

M. l'abbé **DUBREUIL**.

1670. Les Évangiles écrits en gothique et ornés de vignettes.

1671. Verre de Bohême gravé, avec la devise : ONSE GOEDE BEHOUWE REYS.

M. l'abbé **JOUEN.**

1672. Livre d'heures de Antoine Verard, avec vignettes et gravures sur bois.

1673. Plateau à pied en faïence de Rouen, décoré d'une riche rosace.

1674. Petite salière en beau décor de Rouen.

1675. Vase à double fond, façon Palissy.

M. **DE LINIÈRES,** à Évreux.

1676. Glace style Louis XVI ; dans le couronnement un blason de gueules à l'aigle couronné.

1677-1678. Deux éventails, époque de Louis XV, chacun dans un cadre doré du même temps.

1679. Fleurs, belle peinture à l'huile d'un maître ancien.

M. le duc **DE CLERMONT TONNERRE.**

1680. Portrait de Latour, peint par lui-même.

1681. Portefeuille de S. Bernard, peintre du roi. Bernard, né en 1615, mort en 1687 et inhumé dans la chapelle de la Vierge à Saint-Sulpice, était père du célèbre banquier Samuel Bernard. Au centre de la collection, composée de vingt-quatre portraits ovales en miniature, se trouve le portrait du peintre peint par lui-même.

Mme **DE JUNQUIÈRES,** à Évreux.

1682. Petit cadre renfermant une pierre de Florence mosaïque.

1683. Très-beau pot à lait avec sa cuvette; vieux Saxe royal de la fabrique de Meissen, peintures et monture ancienne.

1684. Deux sucriers en ancienne porcelaine royale de Saxe, de Meissen.

M. **CHERIER** fils, à Évreux.

1685. Deux monnaies trouvées à Évreux, rue de Vernon.

M. **SENEY D'ARGENCES**, à Pont-Audemer.

1686. Cent monnaies d'argent du xve siècle, trouvées en février 1864 à Bellemare, près Cormeilles (Eure).

M. l'abbé **MOUROCQ**, curé de Romilly-la-Puthenaye.

1687. Plat en faïence de Rouen, décor bleu rayonnant.

1688. Grand plat, décor chinois bleu, bords avec gaufrures dans la pâte.

M. Raymond **BORDEAUX**, à Évreux.

1689. Fragment de stèle romaine, provenant de Lillebonne, portant l'inscription :

VEGETI...
GRAECINA V...
FILIA
PIENTIS....

1690. Clef romaine en bronze trouvée à Émanville (Eure).

BIBLIOTHÈQUE D'ÉVREUX.

1691. Reliure in-folio aux armes et semée du chiffre de Le Doulx de Melleville, archidiacre d'Évreux, fondateur de l'ancienne église qui sert de local à la présente exposition.

TABLE

DES

NOMS DES EXPOSANTS

Les chiffres indiquent la page